Ser + em Comunicação

Copyright© 2012 by Editora Ser Mais Ltda.
Todos os direitos desta edição são reservados à Editora Ser Mais Ltda.

Capa e Projeto Gráfico:
Danilo Scarpa

Diagramação:
Wenderson Silva

Revisão:
Equipe da Editora Ser Mais

Gerente de Projeto:
Gleide Santos

Diretora de Operações:
Alessandra Ksenhuck

Diretora Executiva:
Julyana Rosa

Relacionamento com o cliente:
Claudia Pires

Impressão:
Imprensa da Fé

Dados Internacionais de Catalogação na Publicação (CIP)
(Câmara Brasileira do Livro, SP, BRASIL)

Ser+ em Comunicação - Grandes especialistas ensinam como usar a comunicação para criar estratégias, diferenciais competitivos pessoais, profissionais e empresariais
Coordenação editorial: Christiane Pelajo e Mauricio Sita – São Paulo: Editora Ser Mais, 2012.

Bibliografia.
ISBN 978-85-63178-32-9

1. Comunicação. 2. Comunicação pessoal e profissional
3. Carreira profissional - Desenvolvimento. 4. Comunicação empresarial 5. Sucesso profissional - Administração I Título.

CDD 070.4

Índices para catálogo sistemático:
1. Comunicação. 2. Comunicação pessoal e profissional
3. Carreira profissional - Desenvolvimento. 4. Comunicação empresarial 5. Sucesso profissional - Administração I Título.

Editora Ser Mais Ltda
av. Rangel Pestana, 1105, 3º andar – Brás – São Paulo, SP – CEP 03001-000
Fone/fax: (0**11) 2659-0968
Site: www.editorasermais.com.br   e-mail: contato@revistasermais.com.br

Índice

Apresentação..05

Vender: o que é isso?
Airton Dória..07

Fui chamado para falar de improviso: e agora?
Anderson Vieira..15

Redes sociais profissionais para potencialização pessoal e profissional
Candido Barbosa..23

A nossa maneira de contar uma história
Christiane Pelajo..31

O Líder comunicador: alcançando resultados surpreendentes
Cristiane Romano..39

Aprenda a dominar os medos e ser um grande Comunicador
Douglas de Matteu & Gil Fuentes..47

A arte de conhecer e de se comunicar com os públicos
Fábio França..55

VOCÊ está realmente preparado para ouvir, identificar e apresentar a solução ideal para o seu cliente?
Felipe Gomes..63

Comunique-se bem: seja assertivo
Gutemberg Leite..71

Comunicação: o mais difícil contato imediato de alto grau
Inês Restier...79

Feedback: A Comunicação a Serviço do Desenvolvimento Humano
Lisiane Szeckir...85

A arte de se Comunicar
Luiz Cláudio Riantash...93

Falar em Público - 4 dicas para ganhar a plateia
Luiz Gustavo Guimarães...101

Que buchicho é esse que 'tá' rolando e que 'tá' todo mundo falando, hein? Eu também quero saber...
Magali Amorim Mata..109

Nas palavras, meu universo
Marcello Árias Dias Danucalov & Káritas de Toledo Ribas......................117

Ação comum entre pessoas
Marcelo Ortega...125

Oratória e seu Poder
Marcelo Vieira da Silva..133

Leitura Rápida de Pessoas utilizando SPEED
Marco Barroso..141

Resumo do capítulo: a comunicação do bem-estar
Ômar Souki...149

Comunicação com humildade
Prof. Rodnei Rivers..157

A Comunicação Assertiva para o Sucesso em Vendas
Renato Brasil..165

Questão de pele
Rosana Jatobá..173

A arte da oratória como caminho de desenvolvimento pessoal
Sócrates Vituri..181

A comunicação na prática jurídica
Vera Lucia Oliveira de Almeida...189

Comunicação: Reflexões, Pensamentos e Práticas - Parte. I
Wagner Galletti Valença..197

Comunicação: Reflexões, Pensamentos e Práticas - Parte. II
Wagner Galletti Valença..205

Apresentação

Estamos na era da comunicação. Você com certeza já ouviu isso várias vezes, não é?

Uma comunicação eficaz é importante desde que o mundo é mundo. Na área empresarial, a comunicação é uma das grandes responsável pelo sucesso ou insucesso das equipes e das empresas como um todo.

Você encontrará neste livro, lições de comunicação empresarial, transmitidas por grandes estudiosos e especialistas do assunto.

Por ser um livro de "comunicação" você receberá dicas e orientações para aplicação prática e imediata.

Destacamos ainda outra característica importante, este livro não termina na última página. Através do nosso site www.editorasermais.com.br você poderá manter contato com os autores, e interagir sobre todos os seus itens de maior interesse. Isto significa que este livro não termina na última página. A interatividade com os autores propiciará uma atualização constante. Essa é uma característica única dos livros da nossa editora. Desejamos que você aproveite esse benefício adicional.

Agradeço aos escritores pela participação. Todos estão dando uma contribuição inestimável para a literatura da comunicação.

Creia que você tem em mãos um dos mais importantes livros já publicados sobre o tema.

Boa leitura!

Mauricio Sita
Coordenação Editorial
Presidente da Editora Ser Mais

Ser + em Comunicação

1

Vender: o que é isso?

O ato de vender vai muito além da comercialização de produtos e serviços

Airton Dória

Ser + em Comunicação

Airton Dória

Vender? Mas eu não sou vendedor! Isso é o que você acha. Vender vai muito além da transação de mercadorias e serviços. É fazer com que as pessoas escolham aquilo que você tem a oferecer. O ato de vender está presente em todas as atividades do cotidiano contemporâneo. É necessário, por exemplo, vender seu currículo no momento de buscar uma nova oportunidade de trabalho. É essencial vender-se como alguém diferenciado para manter-se em sua atividade profissional. Não tem jeito: vender faz parte da vida e do sucesso do indivíduo contemporâneo.

Historicamente, a palavra "vendas" sempre esteve atrelada ao ato de transacionar mercadorias e serviços. Porém, pode-se compreender que essa atividade vai muito além dessa compreensão. Desde os primórdios da civilização, o *Homo sapiens* necessita vender suas ideias àqueles com os quais se relaciona, seja no modelo tradicional de tratar o assunto de forma comercial, seja dentro do entendimento das relações humanas. O ato de vender, portanto, está atrelado a uma questão de sobrevivência humana num mundo cada vez mais complexo.

O entendimento contemporâneo relacionado às competências profissionais relaciona o conhecimento, as habilidades e as atitudes como fatores essenciais para o exercício profissional. Dentro dos fundamentos das habilidades, a capacidade e a destreza em vender deveria ser algo a ser analisado e requerido no processo de formação do indivíduo. Inclusive, as escolas e universidades deveriam ter nos seus componentes curriculares uma disciplina que discorresse pontualmente sobre esse tema, dada a sua relevância nas atividades do dia a dia.

Ao debruçarmo-nos no estudo do comportamento humano, constatamos muitas vezes que pessoas com um alto grau de conhecimento não conseguem ser exitosas, porque lhes falta, talvez, a habilidade essencial de saber vender suas ideias aos que lhes cercam. Muitas vezes, um professor com um alto grau de conhecimento não consegue transmitir aos seus alunos um conteúdo escolar ou acadêmico. Um diretor ou um gerente de uma empresa ou repartição pública não consegue mobilizar e motivar seus colaboradores por encontrar dificuldades de saber vender suas metas e planos de trabalho. Portanto, identifica-se que vender é uma habilidade necessária no exercício profissional das pessoas. Na verdade, nos últimos tempos, a palavra vendas adquiriu uma conotação pejorativa, tornando-se sinônimo de atividade pertencente àquelas pessoas que não obtiveram oportunidade ou êxito numa outra ação profissional. Para muitos, vender significa uma atividade de trabalho em que o vendedor é inoportuno e insistente. É evidente que muitas vezes é assim que as pessoas atuam, rotulando o ato de vender dessa forma.

Ser + em Comunicação

No entanto, o foco aqui é compreender que o ato de vender deve ser compreendido a partir de um novo olhar e ser tratado como uma competência humana essencial.

Mesmo o mais competente profissional precisa saber vender. Não importa a sua profissão. E saber vender requer o domínio de alguns fundamentos:

Conhecimento

Vende mais e melhor aquele que sabe e conhece bem o que está vendendo. A argumentação e a segurança em fazê-la estão diretamente relacionadas ao domínio do conteúdo que está em pauta no momento da venda. O ato de vender é a capacidade de quem argumenta em criar uma ideia ou solução na mente dos seus interlocutores, mobilizando-os e convencendo-os sobre a ideia do que está vendendo. Portanto, o domínio do conhecimento e seus desdobramentos são essenciais para ter sucesso na argumentação, assim como no trato das objeções.

Habilidades

Nesse quesito é importante evidenciar a habilidade da comunicação do profissional no momento de vender a sua ideia, o seu produto ou mesmo o seu serviço.

Tão importante quanto o que se diz é como se diz. A forma como se argumenta tem uma influência determinante para o interlocutor. Se a argumentação é feita de forma imperiosa, é possível que a outra parte sinta-se ofendida e recuse a argumentação, ainda que ela traga uma eventual solução. Deve-se lembrar de que o ato de vender passa necessariamente por um processo de convencimento, sem que o interlocutor perceba como tal e acredite que a solução é dele. As oportunidades de sucesso em vendas são aquelas em que o profissional argumenta de forma a convidar o seu interlocutor para aderir a sua ideia ou proposição.

O que é óbvio para um não é óbvio para o outro. A questão da obviedade é algo que necessita ser evidenciado. Quem detém o conhecimento precisa compreender que quem não o tem não tem a mesma compreensão. Portanto, torna-se necessário, no momento da venda, serem expostos aqueles aspectos considerados óbvios que poderão prejudicar o ato em si.

O uso correto e adequado da linguagem pode aproximar ou distanciar as pessoas. Falar a língua do interlocutor é determinante para o sucesso da venda, pois, desta forma, poderá se estabelecer os vínculos necessários para o desfecho da venda.

Negociar é preciso. O ato de vender requer habilidade em negociação, pois diante da exposição de argumentos certamente surgirão objeções de parte a parte. Flexibilizar as circunstâncias é determinante para a conclusão efetiva de uma venda. Negociar significa o desafio de admitir uma possibilidade que atenda às expectativas das partes envolvidas. A relação "ganha-ganha" é a melhor alternativa para uma negociação de sucesso. É importante destacar que poderá haver a necessidade de se negociar com aquele interlocutor que, por algum motivo, foi "vencido". Ele irá lembrar e certamente usará isso na argumentação da nova negociação.

Atitudes

Ter conhecimento e habilidades não são competências suficientes para o sucesso profissional no exercício da venda. O que muda e principalmente o que transforma as coisas e as situações são as atitudes. Os avanços da humanidade sempre foram marcados pela atitude de alguém e/ou de um grupo de pessoas que, inconformados com a situação vivida, decidiram buscar uma nova forma de ser ou ter. A venda, sob um olhar contemporâneo, necessita ser entendida e praticada a partir de atitudes diferentes do modelo tradicional. Ver e fazer o que os outros não estão vendo e não estão fazendo, parece representar uma nova oportunidade de um novo entendimento e uma nova ação para se diferenciar na venda. Portanto, a atitude muda, a atitude transforma e principalmente a atitude enobrece o comportamento de um profissional. Paradoxalmente se observa que quem normalmente toma a iniciativa e demonstra um comportamento de proatividade são pessoas mais ocupadas. A iniciativa dificilmente parte de pessoas mais desoneradas de compromissos.

Tratar de venda, necessariamente, há que se tratar de pós-venda. Nesse quesito, empresas e profissionais muitas vezes deixam a desejar, pois a experiência de venda não é igual à experiência de compra. Para quem vende é mais uma venda e para quem compra, às vezes, é a única vez. "Quem atira a pedra não lembra, mas quem toma a pedrada não esquece jamais", diz o dito popular. Quem vende precisa tomar cuidado para não frustrar aquele que compra, pois nem sempre a entrega é equivalente àquilo que se argumentou no momento da venda. Em alguns casos, a venda precisará se repetir para o mesmo interlocutor. Este não irá esquecer as experiências vividas, foram elas positivas ou não. Desta forma, destaca-se que um dos grandes desafios da venda é transformar o interlocutor no seu próprio vendedor, de maneira que ele anuncie aos outros a experiência positiva da compra realizada.

Ser + em Comunicação

Como forma de finalizar a abordagem deste tema tão instigante e tão importante no contexto atual das relações humanas, cabe abordar e debater o assunto vendas no cenário dos sites e das redes sociais. Nos últimos tempos, as redes sociais vêm alcançando uma grande importância e projeção no dia a dia das pessoas. Nesse ambiente virtual pode-se avaliar melhor como as pessoas e as empresas estão se vendendo. As apresentações das ideias e das respectivas propostas em alguns casos deixam a desejar. Não se deve esquecer que tudo aquilo que é falado, escrito ou até mesmo publicado não poderá ser remediado ou mesmo poderá ser reversível. No momento que houver uma maior consciência sobre a relevância e a forma como são expostos argumentos e posicionamentos na internet, talvez se entenda melhor o que o tema vendas pode representar.

Vender! Está aí um tema tão importante para o sucesso pessoal e profissional, porém muitas vezes negligenciado. A proposta aqui apresentada para refletir e discorrer sobre as diferentes abordagens que este tema alcança poderão fazer de cada um de nós pessoas e profissionais mais eficazes e felizes.

Airton Dória

Pesquisador e Analista de Tendências de Mercado, Estratégias Empresariais e desenvolvimento de soluções por meio de novos Produtos e Serviços. Mestre em Administração (PUCRS/RS) e Especialista em Marketing (ESPM/SP), Professor Universitário e Palestrante. Atua como Consultor de Empresas nas áreas de Planejamento Estratégico, *Balanced Scorecard* (BSC), Modelagem de Gestão, Assessoria de Marketing e Plano de Negócios. Atua na arquitetura, construção e desenvolvimento de Programas de Educação Corporativa a partir de Modelos Estratégicos organizacionais. Recebeu o Prêmio Nacional da ABF (Associação Brasileira de Franchising) em 2001 na categoria Trabalhos Acadêmicos pelo seu trabalho de pesquisa no setor. Colaborador independente com matérias em diferentes periódicos.

Contatos:
www.airtondoria.com.br
contato@airtondoria.com.br
www.facebook.com/airtondoria
twitter.com/airtondoria
(55)(51)9985 2394

Anotações

2

Fui chamado para falar de improviso: e agora?

Talvez este seja um dos grandes desafios de quem almeja falar em público: a improvisação. Na hora de ser chamado de surpresa para comentar sobre algum assunto o que fazer? Como reagir? Devo declinar o convite? Esconder-me para que não me achem?Para tudo há solução, certo? Então, para ajudar a desmistificar este desafio, este texto traz dicas de como proceder caso você se encontre nesta situação

Anderson Vieira

16

De acordo com pesquisas, o medo de falar em público é o maior medo do ser humano. Essa fobia chega a ganhar do medo de morrer, que aparece em quinto lugar. Imagine esse medo multiplicado quando você é pego de surpresa para falar? Falar de improviso é uma tarefa árdua para muita gente. As mãos suam, a vermelhidão começa a aparecer, a boca fica seca e a voz trêmula. Sem contar no branco que dá na sua mente na hora da fala. Coisas importantes para falar, que estão na ponta da língua, mas que na hora desaparecem. Saber se comunicar bem pode levar você a subir vários degraus profissionalmente e também na vida pessoal. O mercado procura pessoas que consigam ter uma comunicação eficaz.

O cenário mencionado acima não acontece só na hora que o chefe pede para você dar uma opinião durante uma reunião ou para dar um discurso no seu aniversário, mas numa conversa cotidiana em que você precisa explanar o seu ponto de vista aos amigos ou cortejar aquela que será a mãe dos seus filhos.

Mas calma. Não vamos entrar em pânico. Como a comunicação é uma habilidade a ser desenvolvida e não uma característica que nasce com o indivíduo é possível treinar e se transformar em um excelente comunicador e, sobretudo, se sair bem na fala em público ou numa conversa do cotidiano.

Para embasar esta ideia que é possível, abro um parênteses para contar uma história pessoal. Hoje ministro treinamentos de oratória e já treinei muita gente, desde políticos a profissionais liberais, mas falar em público ou conversar com uma pessoa nem sempre foi fácil para mim devido a uma grande timidez na minha adolescência. Imagine você, um jovem de 14 anos de idade cheio de complexos inerentes a esta fase da vida, começando a fase de relacionamento com as pessoas, procurando o primeiro emprego, a conquista de garotas, difícil, não é? Para se ter uma ideia, eu andava nas ruas da minha cidade de cabeça baixa com medo de olhar para as outras pessoas. Como resolvi este problema?

Lembre-se que comunicação é uma habilidade que se desenvolve, certo? Para você desenvolver uma habilidade primeiro tem de ter humildade de admitir que não a tem ou que esta característica é fraca em você. A partir daí, para você chegar a um objetivo e se mover do ponto "A" que é o estado a que se encontra ao ponto "B" que é o objetivo desejado, aonde você quer chegar, tem uma coisa no meio que se chama atitude. É isso que vai fazer você caminhar. E são pequenos passos que vão construir todo o ambiente para você vencer o desafio, pois cada um sabe onde o sapato aperta. Cada um sabe o que fazer, como fazer e quanto tempo vai levar para realizar

Ser + em Comunicação

o seu desejo de falar bem. Caso você não saiba, um profissional de *coaching* pode ajudar a "clarear" estas ideias.

Foi isso que ocorreu comigo. Percebi que precisava desenvolver a minha comunicação. Lembro até hoje do primeiro curso de oratória que realizei, na década de 90. De lá para cá fui buscando desenvolvimento em vários treinamentos de comunicação, tanto é que de tanto buscar o desenvolvimento, não só consegui vencer o medo de falar em público, como virei instrutor de cursos de oratória e palestrante. Claro que surge outro fator importante no meio disso tudo: a persistência.

Durante os cursos que ministro já passaram pessoas que tremiam, de verdade, na hora de abrir a boca, mas tiveram a atitude de se inscrever num treinamento de oratória e continuaram, não desistiram. Concluíram o último desafio, que é palestrar para a turma e hoje estão felizes por vencerem seus medos.

Mas qual a dica para se sair bem na fala de improviso? Quando você é pego de surpresa para falar, o que fazer? Que alternativa você escolhe: correr? Se esconder atrás do pilar? Ir ao banheiro e ficar horas escondido? Ou encarar o desafio? Bom, se você escolheu encarar, pode ter certeza que já está vencendo o medo de falar em público com esta simples atitude.

Vamos tratar a fala de improviso em duas situações: primeiro na fala ao público e depois no bate-papo informal do cotidiano.

Vale ressaltar aqui que, diferentemente do que o senso comum acredita, falar de improviso necessita sim de uma preparação antecipada. Não é algo que se faz na hora correndo o risco de fracassar e a vontade de se destacar se transformar num trauma e o travar.

E lógico: há situações que é sensato recusar o convite para falar de improviso, como, por exemplo, durante um evento com tema específico que você não entende bulhufas. Para as outras situações há técnica. Acompanhe as dicas:

- **Tenha uma atitude positiva:**

Quando alguém lhe passa a palavra é como se ela estivesse lhe dando um presente e um presente se recebe feliz, portanto, quando alguém lhe passar a palavra, sorria. Vá para frente do palco ou na sala de reuniões com a coluna reta, demonstrando autoconfiança e sorrindo. Claro que se você for chamado para falar num velório você não irá sorrindo, mas sereno.

- **Tenha uma história pronta com roteiro;**

Todas as pessoas têm uma história de conquista, de dificuldades, de superação, de indignação. Então quando você não está sintonizado com o assunto no começo da sua fala ou deu aquele famoso "branco" na sua mente, comece contando uma história sua. É importante que se tenha um roteiro em mente para que as ideias sejam encadeadas e tenham uma sequencia lógica. Por exemplo: o que aconteceu? Quando aconteceu? Onde aconteceu? Quem estava lá? Como aconteceu?

• **Fazer um elo entre a sua história e o evento que está sendo realizado:**
Como foi comentado no item acima, todos nós temos alguma história boa, uma experiência da nossa vida para contar. É importante que esta história pessoal tenha uma ligação com o tema do evento no qual você se encontra falando. Se está na entrega de um prêmio a alguma entidade, por exemplo, você pode contar uma história em que teve uma conquista em algum momento da sua vida. E aí pode fazer o seguinte link: "estou dizendo isso porque hoje também é um dia de conquista".

Agindo dessa forma será possível estar mais preparado na hora que você for pego de surpresa para falar em público. Por outro lado, vimos uma dificuldade gigante em algumas pessoas na hora de iniciar um bate-papo do cotidiano. O famoso "puxar uma conversa" às vezes pode ser muito difícil para algumas pessoas. Vamos imaginar algumas situações. Você pega o elevador no térreo e vai até o 17º andar com uma pessoa que você não conhece. Aí fica um olhando para a cara do outro e um silêncio total. Para disfarçar você dá umas olhadinhas no relógio, mexe no seu celular de modo que o tempo para chegar ao seu destino passe rápido. No entanto, parece que nesses momentos o tempo vira uma eternidade.

Nestes encontros casuais com pessoas desconhecidas pode estar escondida uma grande oportunidade de negócios ou até mesmo de um trabalho novo que você almeja. O medo de estabelecer uma comunicação pode colocar tudo a perder. Mas aí você resolve vencer o medo e conversar com a outra pessoa. Seu primeiro comentário: "tempo doido esse, né"?, "será que vai chover?". Aí a outra pessoa faz um comentário qualquer sobre o tempo e já era, acabou o papo. Como fazer melhor? A boa notícia é que existe um roteiro até mesmo para um bate-papo rápido, do cotidiano. Isso não vale só para uma conversa de elevador, mas para começar uma conversa em qualquer situação. Seja no elevador, no avião, no ponto de ônibus, etc. Vamos às dicas:

• **Comece perguntando o nome da pessoa:**
Não há nada mais importante para uma pessoa do que dizer o seu nome. E aquela velha história de que o nome é o som mais doce e suave que a pessoa pode ouvir é real. Aproveite para, durante o papo, usá

-lo várias vezes, mas não vá ser chato, não é? Ficar usando o nome da outra pessoa no final de cada frase vai lhe tornar uma pessoa irritante.

- **Pergunte sobre o trabalho:**

Perguntar o que a pessoa faz profissionalmente pode ajudar você a perceber se poderá ocorrer negócios entre vocês e culminar com uma troca de cartões.

- **Família:**

Em uma viagem longa é possível você começar a falar sobre outros temas, e família pode ser um deles. Pergunte sobre marido, esposa, filhos, se os filhos estudam. Este tema pode gerar bastante perguntas. O objetivo, claro, é ser agradável e não invasivo. Se a pessoa não quiser responder sobre uma das perguntas, seja cordial.

- **Quais seus sonhos, suas metas?**

Esta também é uma pergunta que gera um longo bate-papo. Todo mundo tem sonhos, metas, objetivos, e falar sobre eles é algo que interessa.

Só nestes itens citados você consegue desenvolver uma conversa sem ter que usar aquelas velhas expressões de "como está o tempo?" ou "acho que te conheço". Poderia ser falado sobre o que a outra pessoa faz no tempo livre, se pratica esportes, entre outros assuntos. E, lógico, o objetivo nessas conversas é ser agradável e porque não fechar negócios?

Para finalizar, gostaria de reafirmar aqui que a comunicação é uma habilidade que você pode desenvolver com treino. Se você está disposto a falar melhor, não perca tempo, comece já e se torne um grande comunicador.

Anderson Vieira

Anderson Vieira é jornalista graduado pela Universidade do Vale do Itajaí (Univali), *coach* formado pela Sociedade Brasileira de *Coaching*, onde é membro. É palestrante e instrutor corporativo. Possui duas especializações: em propaganda e marketing pela Univali e em Gestão Estratégica Empresarial pelo Instituto Catarinense de Pós-Graduação (ICPG). Especializado em oratória, já treinou políticos, empresários e os mais diversos segmentos de profissionais. Em seus cursos procura extrair o máximo do participante de modo que consiga, ao final do treinamento ou assessoria, ter conquistado seus objetivos na fala em público. Em suas palestras aborda comunicação eficaz e também temas comportamentais sempre gerando ao participante uma tomada de atitude para a mudança.

Contatos:
academiadotriunfo@gmail.com.
www.facebook.com/palestranteanderson.vieira.
(47) 9991-1317

Anotações

3

Redes sociais profissionais para potencialização pessoal e profissional

Como as redes sociais podem auxiliar sua carreira? É possível fazer contato com uma empresa através da rede? Qual o papel das mídias sociais no *networking*?

Candido Barbosa

Ser + em Comunicação

Candido Barbosa

Nos dias atuais, o uso das redes sociais para potencialização das relações pessoais, profissionais e empresariais está, cada vez mais, em evidência. As redes sociais mais atualizadas no momento são foco de muitas empresas, e saber tirar proveito delas é essencial para seu sucesso pessoal e profissional pela ótica do indivíduo e representa potencial de lucro e crescimento pela ótica empresarial. Minha abordagem será mais no campo profissional do que pessoal, tendo em vista o objetivo desta obra. Quero aqui dividir minha experiência em ampliar quantitativa e qualitativamente minha rede profissional através do *LinkedIn*, que é hoje, a meu ver, a rede social profissional melhor atualizada e mais utilizada no mundo.

Objetivo

O correto gerenciamento de uma rede social profissional tem o mesmo objetivo de quando pensamos na elaboração ou atualização de nosso currículo, ou seja, é dizer aos outros quais são nossas qualificações, experiências profissionais, habilidades adquiridas e situações vivenciadas até determinado momento.

Ferramenta proposta - *LinkedIn*

O *Linkedin*, que já é muito conhecido no Brasil, inaugurou seu escritório brasileiro em 2011 e passou a ter uma versão do *website* (www.linkedin.com) em português. Assim, mesmo que você não tenha domínio do idioma inglês ou outras opções de idiomas disponíveis, você já pode utilizar esta ferramenta para potencializar seus contatos profissionais e comerciais.

Rede social profissional X Currículo

O currículo profissional tende a perder terreno para outros meios de envio de perfil profissional, tais como a página de perfil em redes sociais voltadas ao acompanhamento da vida profissional. Um exemplo claro dessa tendência é a avaliação rápida de um candidato quando visualizado no *LinkedIn*, afinal, neste perfil *online* temos algumas vantagens, tais como a atualização frequente do perfil e informações de contato do profissional, além de uma boa ideia de grupos e fóruns que o candidato participa. Há ainda um aspecto que eu acredito ser realmente diferencial, são os relatos de atuais ou ex-colegas, chefes e subordinados sobre o profissional.

Ser + em Comunicação

Rede Social Profissional e o Recrutamento e Seleção

Para a empresa, as redes sociais e, em especial, as especializadas em perfil profissional, como é o caso do *LinkedIn*, representam economia e rapidez ao buscar candidatos qualificados direta ou indiretamente. Neste tipo de rede você pode entrar em contato com pessoas de sua rede direta e também poderá ter acesso aos contatos de seus contatos, recebendo assim informações ou indicações por meio deles.

A seleção de profissionais em outros países também é facilitada por meio deste tipo de ferramenta, afinal, a internet está ao alcance de todos, em especial aos profissionais mais qualificados. Logo, a vantagem que este meio oferece para todos os envolvidos é algo muito promissor e vantajoso.

Veja, por exemplo, uma situação que vivenciei em passado recente onde tinha a necessidade de recrutar um Gerente Nacional de Vendas para o Peru, estando aqui no Brasil. O processo se iniciou pela busca de candidatos via *LinkedIn*, com avaliação inicial do perfil e conversa via *Skype* posteriormente e, após conseguir um numero adequado de candidatos qualificados, eu agendei as entrevistas no país, ou seja, houve uma economia de dinheiro, recursos e tempo para a empresa e para minha vida pessoal, uma vez que parte do processo foi feita remotamente.

Sugestões relevantes ao criar ou manter seu perfil

Alguns aspectos são especialmente importantes ao se criar um perfil. Devemos evitar alguns erros destas ferramentas, tais como manter um perfil incompleto ou sem foco em sua área profissional ou de especialização. Estes perfis são utilizados por empresas para buscar profissionais, logo, o seu uso distorcido poderá fazer com que suas chances e oportunidades sejam reduzidas ou restritas. Também é importante evitar colocar assuntos pessoais ou que não tenham relevância em seu perfil profissional, além de visitar sua página regularmente, não deixando eventuais solicitações pendentes por muito tempo. Deve-se criar o hábito de revisar seu perfil de tempos em tempos para eliminar eventuais erros de digitação, processar mudanças e demais informações relevantes. O mais importante é a que seu perfil deve acompanhar sua vida profissional e não somente ser ativado ou utilizado quando você está sem emprego. Então pense que ele é seu currículo e, ao mesmo tempo, ferramenta para oportunidades futuras.

Aspecto que você deve cultivar ao criar ou manter seu perfil profissional nas redes sociais é o de dar atenção aos profissionais e áreas que estão em linha com seu foco de carreira e objetivos futuros. Você deve, tanto quanto possível, ter pessoas de seu segmento atual ou de interesse em sua rede. Deve também buscar contato com os profissionais que ainda não fazem parte de sua rede, porém evite quebrar as regras de envio de convites ou requisitar conexão de pessoas estranhas ao seu meio. Uma boa sugestão é tentar participar de fóruns em que outras pessoas ainda desconectadas de sua rede estejam contribuindo e, assim, provocar um primeiro contato. Outro meio bastante usual é o de pedir uma apresentação por meio de um membro de sua rede social para eventuais contatos que realmente sejam seu foco em situações pontuais. Por exemplo, se você sabe que há uma posição em aberto numa empresa de seu interesse e que o profissional de Recursos Humanos é parte da rede de um amigo seu. Evite, contudo, pedir a inclusão de novos contatos aos profissionais durante processos seletivos em que você faça parte antes que este esteja finalizado. Você poderá ser interpretado como alguém que tenta influenciar a decisão dos envolvidos no processo. Atenda aos pedidos de conexão apenas caso seja solicitado até que o processo seja finalizado.

Lembre-se, devemos pensar em nosso perfil assim como pensamos em nosso currículo, ele deve estar claro. Ao escrevê-lo, você deverá pensar em quais são os verbos adequados para cada situação vivenciada em sua carreira, diferenciar quais as experiências você trabalhou, em algum projeto que você gerenciou ou dirigiu, tenha sempre em mente que uma correta redação do perfil irá ser muito útil quando estiver numa entrevista futura.

Conclusão

Tenha em mente que construir e manter uma rede social profissional é um fator de grande importância. Não é saudável lembrar dela apenas nos momentos de necessidade pessoal. A rede de contatos de um profissional é tão valiosa quanto maior sua especialização profissional, afinal, ela poderá ser extremamente útil numa situação de desemprego ou de busca de crescimento. Assim, ela significa cuidar do próprio futuro, sendo esta uma tarefa diária, e não de um dia apenas.

Enfim, gostaria de dizer a você que o correto uso de uma rede social profissional lhe simplificará em muito a busca e, principalmente, a obtenção de sucesso em sua carreira. Claro que a rede não substitui a necessidade de atualização profissional, de busca de conhecimento e desafios para o enriquecimento de suas experiências e vivências,

Ser + em Comunicação

mas certamente poderá aumentar em muito sua visibilidade e manter sua carreira conectada ao mercado.

Desejo que você procure lembrar e cultivar os pontos aqui abordados e que seja paciente para ver os frutos de uma boa gestão de redes sociais profissionais.

Candido Barbosa

Bacharel em Administração com ênfase em Análise de Sistemas. Trabalha na área de Recursos Humanos há vinte anos. Treze deles em posições de liderança com competências em estratégias de negócios e forte interatividade com pessoas para influenciá-las, contribuindo para o sucesso de empresas. Na Ranbaxy desde 2006, realizou recuperação da operação brasileira, implementação de gerenciamento de desempenho e compensação na América Latina com foco em: reconhecimento de performance, mudanças no nível sênior da empresa no México, bem como a implementação de nova subsidiária da empresa na Venezuela. Além disso, já passou por empresas como Lucent Technologies, Apotex e Kellogg. Possui especialização em Negócios pela FGV de São Paulo e Senior Leadership Development Program pela Universidade de Johannesburg, na África do Sul.

Contatos:
candido.barbosa@brainfountains.com
(11) 98510-3000

Anotações

4

A nossa maneira de contar uma história

O presente artigo se presta a dar algumas dicas e explicações sobre o ofício jornalístico, tal qual saber se portar diante de um repórter quando for entrevistado, de modo que possa falar em nome de uma organização ou em causa própria e passar informações relevantes, além de uma boa impressão

Christiane Pelajo

32

Christiane Pelajo

Você recebe o telefonema de um jornalista querendo marcar uma entrevista. Assim que desliga o telefone, tem duas reações: euforia e o friozinho na barriga. Você não está sozinho! A maior parte das pessoas sente um certo nervosismo ao falar com jornalistas.

Nós não somos um bicho de sete cabeças. Não mordemos, não matamos, mas é fundamental se preparar antes de uma entrevista. É importante que você entenda o que é o nosso trabalho.

A missão do jornalista é contar histórias. Nós temos que transformar informação em notícia. Um fato importante tem que virar uma reportagem interessante para o telespectador, leitor ou ouvinte.

E de que maneira nós fazemos isso? Temos alguns "truques". Um deles – na minha opinião o mais importante – é usar o que chamamos de personagens. O personagem é a pessoa que viveu aquela história.

Vamos a um exemplo: uma matéria na televisão sobre uma enchente com desabamento de casas.

Nós começamos assim: "Dona Maria perdeu quase tudo".

Entra a Dona Maria falando. Depois segue a matéria que, normalmente, vai acabar com a Dona Maria, de novo, dizendo que tem esperança de conquistar tudo de novo. Ela é o tal personagem. A imprensa latino-americana – em especial a brasileira -- usa muito este "truque" para tornar a reportagem mais atraente. Nós, brasileiros, estamos acostumados com essa maneira de contar uma história.

Vamos do micro para o macro. Começamos com a história de uma pessoa para depois entrarmos no geral da matéria.

No caso da reportagem da enchente, teríamos que dizer se houve mortos ou feridos, quantas casas desabaram, quantas pessoas ficaram desabrigadas e desalojadas, onde estão dormindo...

Essa é a nossa maneira de contar uma história. Somos mais emocionais, menos racionais do que os americanos ou europeus.

As nossas reportagens precisam ter seres humanos, emoção, calor.

Talvez isso venha da telenovela. Estamos acostumados a acompanhá-las com seus personagens, suas histórias, seu enredo. E, assim como nas novelas, o nosso jornalismo tem vários personagens: a vítima (pessoa que sofreu a ação), o vilão (o culpado pela ação), o justiceiro (aquele que "resolve" o problema) e, às vezes, ainda temos o bobo da corte (o engraçadinho).

É fácil identificar a vítima. Voltando ao caso da enchente, a vítima é a Dona Maria. O vilão também é evidente. É o culpado pelo fato. O que o jornalista quer, na verdade, é apontar o culpado. Na matéria da enchente, de quem foi a culpa pelo desabamento das casas? O justiceiro pode ser um delegado, o Ministério Público, o Procon, etc. Mas, muitas vezes, é o próprio jornalista com a intenção de mostrar para a população o que está acontecendo de "errado" naquele lugar.

Nós, jornalistas, adoramos números. Eles dão credibilidade ao que dizemos, por isso, vemos muitas matérias feitas a partir de pesquisas.

Ser + em Comunicação

Imagem é algo fundamental para uma reportagem de televisão, revista ou jornal.

Quem nunca ouviu a frase "uma imagem vale mais do que mil palavras"? É a mais pura verdade!

Uma foto sensacional atrai o leitor. Uma imagem inédita, inusitada ou curiosa prenderá o telespectador na frente da televisão.

Outra preocupação do jornalista é prestar um serviço para a comunidade. É dessa forma que enxergamos o nosso trabalho. Quando alguém acaba de ver ou ler uma reportagem e sente que aquilo foi útil, o nosso dever está cumprido. Por isso, matérias de utilidade pública são importantes.

A seguir, um manual que poderá ajudá-lo quando tiver que "encarar" um jornalista:

Informações básicas sobre como funciona a mídia no Brasil

• Um fato só gera reportagem quando é novo, inusitado e sua importância é reconhecida como de utilidade e de interesse públicos, ou seja, quando é notícia.

• Informação é a matéria-prima de todos os veículos de comunicação e, por ter prazo de validade curto, precisa ser trabalhada com rapidez e qualidade.

• Jornalistas competem entre si pela notícia e buscam reconhecimento e prestígio.

• O repórter, que na maioria das vezes é a interface dos veículos de comunicação com os entrevistados, está na base da estrutura hierárquica e tem influência limitada na edição do material. O editor é quem decide a forma de abordagem do assunto e o futuro da reportagem (se será publicada e de que maneira).

• Uma das principais funções do repórter é verificar a veracidade da informação recebida. Por isso, conversa com várias fontes antes de finalizar seu trabalho.

• Atualmente, as redações estão enxutas e a maior parte das entrevistas é feita por telefone. Um repórter só deixa a empresa para fazer reportagens externas ou participar de coletivas quando se trata de assuntos de alta relevância.

• Jornais, revistas, agências, veículos *online*, emissoras de televisão e de rádio possuem linhas editoriais distintas e isso influencia na abordagem dos assuntos.

Relação jornalista x fonte

• Não dê entrevista sem antes saber a pauta, quem é o repórter e como o veículo que ele trabalha tem abordado o assunto.

• Há jornalistas muito bem informados e os despreparados. Ambos exigem cuidado.

• Se não puder conceder a entrevista, avise imediatamente o repórter.

• Respeite os prazos do jornalista – ele trabalha contra o tempo.

- Documentos sobre a mesa, objetos, anotações, dentre outros, podem se transformar em notícia para jornalistas astutos.
- Cuidado com telefonemas. Um jornalista e um cinegrafista atentos podem captar a sua conversa.
- Jornalista é jornalista vinte e quatro horas por dia. Portanto, meça as palavras e avalie os riscos até em situações de contato informal com a imprensa.
- Esteja preparado para a matéria não entrar no ar ou não ser publicada. Isso acontece.
- Jamais peça para ver a entrevista/matéria antes da exibição ou publicação.
- Não tente evitar a publicação/veiculação de uma notícia. Você não terá sucesso.
- É errado acreditar que é possível esconder os fatos ruins e só mostrar os bons. Os entrevistados que tentam fazer isso não alcançam sucesso e passam a ser reconhecidos por sua falta de transparência e de responsabilidade. Por isso, quando procurado para falar sobre um tema negativo, não deixe de oferecer esclarecimentos.
- Quando uma informação é passada em *off*, isso não significa que ela não será publicada. Ela poderá ser divulgada, mas sem que a fonte seja citada. Por isso, só use o *off* quando for realmente necessário e com jornalistas que você já tenha estabelecido um relacionamento. O repórter não é obrigado a respeitar o *off* e, se quiser, vai colocar o seu nome na declaração.
- Lembre-se: jornalista não é amigo. É um profissional em busca de informação.

Dicas para uma boa entrevista
- Prepare-se para a entrevista.
- Só fale de assuntos que conhece e domina.
- Mantenha o foco na informação que pretende passar.
- Seja objetivo e consistente nas respostas.
- Fale com tranquilidade. Seja didático e paciente. Não demonstre irritação ou ironia.
- Evite falar rápido ou devagar demais.
- O repórter precisa responder às seguintes perguntas: o quê? quem? como? quando? onde? por quê?
- Ofereça elementos que enriqueçam a matéria, como personagens, *cases*, imagens e dados estatísticos.
- Não use termos técnicos e em idioma que não seja o português. Quando for necessário usá-los, explique-os.
- Em casos de entrevista para TV, não olhe para a câmera. Quem está conversando com você é o repórter. Evite hesitar. Seus "aaahns", "nés", "tás" podem entrar no ar.
- Na TV, o público ouve o que você fala e lê a sua expressão facial, os seus gestos e a sua roupa.
- Há frases de efeito e frases com defeito.
- Quando não souber responder a uma pergunta, assuma isso e

Ser + em Comunicação

envie mais tarde a informação.
• Nunca dê informações falsas ou imprecisas.
• Não tente manipular a informação. Os jornalistas percebem quando o entrevistado está tentando "enrolar" e isso reflete negativamente na reportagem. Se você está com alguma restrição para falar sobre o assunto, seja sincero e diga que não pode responder por razões estratégicas ou porque o assunto não é da sua alçada.

Fúteis, mas úteis (para TV)
• Não use roupa listrada, estampada, com brilho ou chamativa numa entrevista.
• Cuidado com acessórios (brincos, colares, anéis, lenços).
• Tente descobrir a cor do cenário. Vai ajudar na escolha da cor da roupa. (Ex: num cenário azul, evite roupa azul).
• Fique atento ao enquadramento. Câmera muito alta *(plongée)* oprime o entrevistado. Já a câmera muito baixa (contra *plongée*) passa a ideia de prepotência e arrogância. Se possível, prefira a câmera na altura dos olhos.
• Não se esqueça que uma imagem vale mais do que mil palavras. Portanto, a sua imagem pode ser ainda mais importante do que as suas palavras.
• Mantenha uma postura ereta, mas sem rigidez. Tente parecer relaxado.
• Se possível, passe um lenço de papel no rosto para não brilhar. A pele brilhosa pode dar a sensação de que você está suando de nervoso. Muitas vezes, até uma leve maquiagem (mesmo para homens) é bem-vinda. A televisão é artificialmente natural.

Check-list
• Pauta - sei qual é a pauta do repórter?
• Contexto - o assunto em pauta é polêmico?
• Jornalista - quem vai fazer a entrevista é especializado, conhece o assunto ou está despreparado?
• Atribuição - sou realmente o profissional da equipe mais indicado para falar do assunto?
• Prevenção - quais as perguntas mais delicadas?

GLOSSÁRIO
BARRIGA: erro.
CABEÇA: o que o apresentador lê antes da matéria ser exibida.
DEADLINE ("linha da morte"): prazo final para a entrega de uma reportagem. Se não ficar pronta, a matéria não vai ao ar. E reportagem boa é reportagem no ar.
FOCA: repórter novato.
LEAD: informação principal da notícia.
LINK OU NET: entrevista ao vivo, da rua.
NOTA-PÉ: o que o apresentador lê depois da matéria ser exibida.
OFF: narração do repórter numa matéria.
PASSAGEM: quando o repórter aparece na matéria.
PAUTA: ponto de partida para o VT.
SONORA: entrevista.
SUÍTE: dar continuidade à matéria do dia anterior com fatos novos.
VT (vídeo-tape): matéria pronta para ir ao ar.

Christiane Pelajo

Christiane Pelajo é apresentadora do Jornal da Globo ao lado de William Waack desde maio de 2005.
Christiane também faz parte do time de jornalistas da Globo que apresentam o Jornal Nacional aos sábados. Foi apresentadora da Globo News de 1996 a 2005, à frente das edições noturnas do telejornal Em Cima da Hora e também do programa Pelo Mundo. Na bancada do jornalismo da Globo News, foi âncora de grandes coberturas como o enterro da princesa Diana, numa transmissão, ao vivo, de mais de cinco horas, e a prisão de Saddam Hussein, também ao vivo. De sua experiência em importantes coberturas nacionais e internacionais, destacam-se a morte do papa João Paulo II e a eleição de Bento XVI, em Roma, onde permaneceu da morte do Papa, em 02 de abril de 2005, até a primeira missa de Bento XVI, em 01 de maio. Em 2004, fez uma série de reportagens especiais na Grécia por ocasião das Olimpíadas e, em 2003, na República Dominicana, por ocasião dos Jogos Pan-Americanos. Ainda na Globonews, cobriu a Copa do Mundo na França em 1998. Em 2006, já no Jornal da Globo, ancorou a cobertura da Copa direto da Alemanha e preparou uma série de entrevistas especiais com os jogadores da seleção. Em 2007, ancorou a cobertura dos Jogos Pan-Americanos do Rio de Janeiro também para o Jornal da Globo. Participou ainda das entrevistas com os candidatos à presidência da República nas eleições de 2002 na bancada do Jornal das Dez, da Globonews. Nas eleições presidenciais de 2006 e 2010, realizou entrevistas, ao vivo, com os principais candidatos para uma série especial do Jornal da Globo.

Anotações

5

O líder comunicador: alcançando resultados surpreendentes

A eficácia da comunicação no meio executivo potencializa colaboradores satisfeitos e, consequentemente, também clientes satisfeitos, criando assim, empresas cada vez mais produtivas. O líder necessitará transmitir credibilidade, e esta é realizada através da comunicação, fator primordial para o exercício da liderança

Cristiane Romano

40

Cristiane Romano

No mundo corporativo, a comunicação já não é uma questão de opção, o profissional necessita comunicar-se com efetividade, ou seja, controlar suas emoções, utilizando os recursos comunicativos e empregando a persuasão em conduções de reuniões, negociações em parcerias, nos negócios e convencendo investidores. A eficácia da comunicação no meio executivo potencializa colaboradores satisfeitos e, consequentemente, também clientes satisfeitos, criando assim, empresas cada vez mais produtivas. O líder necessitará transmitir credibilidade, e esta é realizada através da comunicação, fator primordial para o exercício da liderança.

Existem vários estudos que apresentam modelos de liderança, assunto vasto e publicado por vários autores conceituados. A liderança é praticada desde a infância. Alguns executivos as destacam de acordo com suas características e personalidade.

O líder tem o papel de engajar as pessoas e inspirar o seu time a se unir a um propósito em comum - o resultado. (GOLDSMITH & LYONS, 2000).

Uma pesquisa realizada em território nacional constatou que 47,9% dos profissionais brasileiros estão insatisfeitos com a qualidade da comunicação no trabalho. A pesquisa foi realizada com mais de 1300 analistas, coordenadores, supervisores, gerentes e diretores de diversas empresas do país e apontou que o problema de comunicação se multiplica conforme desce na hierarquia corporativa. Cerca de 60% de todos os profissionais entrevistados não entendem quais são suas metas.

Cinco de cada dez entrevistados reclamam da falta de clareza dos executivos de suas empresas, principalmente do presidente e dos diretores, pois são eles que detêm as diretrizes do jogo. Se a empresa tem um presidente que não se comunica bem, o risco de haver problemas é grande.

VOCÊ S/A, 2009.

Como persuadir as pessoas a realizarem um propósito em comum com eficácia?

Deve-se refletir ao responder esta pergunta. Não é nada fácil apresentar para as pessoas o modo como devem se posicionar conforme seu pedido ou necessidade, e, ainda, desempenhar este papel de forma eficaz e com um propósito em comum; além do fato de que muitas vezes não irão apresentar um resultado tão rápido. Um trabalho com resultado demanda tempo, disposição, força de vontade, motivação, resiliência, dentre outras características.

O líder, para alcançar seus objetivos e persuadir seus liderados para que os mesmos façam o que ele deseja e da forma como é necessário, precisa desempenhar uma comunicação com eficácia. Como exemplo, o executivo quer passar aos seus colaboradores que está moti-

Ser + em Comunicação

vado para que os mesmos realizem um determinado projeto. Como passar esta "motivação"? Como vender esta imagem de "motivado", e que este projeto é importante para ambas as partes envolvidas, líder e equipe. Este é um de muitos exemplos clássicos da dificuldade de transmitir um conceito ou uma ideia de forma coesa, clara, objetiva e sem causar os famosos ruídos no processo da comunicação.

Como se tornar um líder comunicador?

O primeiro passo para iniciar é o autoconhecimento. O líder precisa se conhecer e, para isto, é necessário realizar uma autoanálise, trabalhando seus pontos fortes e frágeis. E sempre fazer as seguintes perguntas:
1. Quais meus pontos fortes enquanto líder comunicador?
2. Quais meus pontos frágeis enquanto líder comunicador?
3. O que devo fazer para melhorar meus pontos frágeis?
4. O que ganharei com esta mudança?
5. Qual o primeiro passo para iniciar o processo de mudança?

Outra característica importante que o líder comunicador deve apresentar é a escuta ativa. Existe uma diferença entre escutar e ouvir. Este último, o som, entra no pavilhão auricular e o som é detectado (alto, baixo, grave, agudo), ao passo que a escuta ativa vai além, é a interpretação dos fatos conforme o cenário e perspectiva do emissor. Como exemplo, o gerente dá uma ordem a 600 funcionários: "desenhe uma casa". Estes 600 desenhos serão diferentes, mesmo que a ordem tenha sido a mesma. Este fato acontece devido ao fato de que cada funcionário apresentar uma vivência, uma experiência de vida diferente.

Outro atributo importante para ser um líder comunicador é apresentar uma expressividade oral satisfatória.

A expressividade é a forma da comunicação em que se consegue obter a atenção dos ouvintes, transmitindo as informações de forma clara, atraente, com credibilidade e energia. Envolve voz, fala e corpo e pode ser moldada para qualquer profissão que utiliza a comunicação em seu instrumento de trabalho (KYRILLOS, 2005). Ela é composta pelos recursos verbais (conteúdo da mensagem), recursos vocais e não verbais (como falar através de gestos).

O recurso verbal está relacionado ao seu estoque de vocabulário, ou seja, do seu aprendizado ao longo da sua vida. É o resultado de estudos, leituras e até mesmo experiência de vida. Neste momento, é importante o conhecimento do emissor para apreender a atenção do ouvinte.

A forma de dizer está relacionada às escolhas das palavras, que deve ser realizadas conforme experiência de vida do receptor e deve-se utilizar a escuta interpretativa. A pessoa que apresenta menos expressividade oral pode gerar conflitos e ruídos na comunicação. Nas empresas, é comum o conflito e a forma de comunicar é de extrema importância para não agravar a situação.

E como utilizar o recurso verbal no momento de um conflito?
Exemplo:
Colaborador: "Eu não consegui atingir a meta, tive vários problemas!" (sempre colocando a culpa no outro e se justificando)
Líder: "Já é terceira vez que você erra somente no início deste ano, por que isso acontece? Você é um incompetente!" (forma inadequada).
Líder comunicador: O que aconteceu? (Escuta ativa). O que você acredita que aconteceu para você não ter atingindo os objetivos propostos?
É importante levar o colaborador a pensar e levá-lo a ações:
"O que você precisa fazer para atingir o objetivo? Como **poderíamos** resolver esta situação?" (se incluir no processo)
Qual o primeiro passo para mudar este cenário? (Ação)
Evitar o uso do "Por que". Pode levar a respostas curtas e sem a resolução. "Porque não deu, porque está difícil".
Acima, foi descrito alguns exemplos de como escolher melhor as palavras, mas deve-se prestar atenção ao tom de voz, articulação, dicção, entre outros elementos dos recursos vocais e verbais, como também os gestos expressivos, resultando em uma emissão com credibilidade.
Abaixo apresenta alguns elementos e exemplos dos recursos verbais e vocais:

• Tipo de voz: neutra sem alteração (voz clara) e alterada (rouca).
• PItch (sensação que a voz é grave ou aguda): não existe rigor, grave mais desejado (alegria aduo-seriedade: grave).
• Loudness (sensação que a voz é forte ou fraca) - adequado: equilibrio fraca: medo, vergonha ou insegurança - Forte: necessidade de alto afirmação / aparecer / agressividade.
• Pausas: devem ter significado, não podem modificar o sentido da mensagem, excesso: artificial - falta: monotonia e naturalidade.
• Velocidade: transmite dinamismo. Lenta: cansa / pensamento lento Rápida: insegurança e não credibilidade.
• Articulação: precisão e agilidade - demonstra credibilidade.
• Pronúncia ou sotaque: varia de acordo com as exigências da empresa.
• Entoação: melodia da fala (ascendente e descendente), fundamental estar ligado ao conteúdo. Monótona: dispersa o ouvinte/tédio.

A importância do canal comunicativo
Reconhecer e identificar o colaborador através de seu canal comunicati-

Ser + em Comunicação

vo (auditivo, visual e cinestésico). As pessoas se sentem a vontade e com maior confiança quando sincronizamos a linguagem (REIMAN, 2010).

COMUNICADOR VISUAL é uma pessoa que vê imagens em sua mente. Sua fala é rápida, com alto grau de energia e repleta de descrições. Geralmente elevam o olhar. Isso acontece quando sua mente está formando a imagem mental do que ele pretende falar. Cerca de 60% das pessoas são visuais.

Exemplos de frases visuais: "deixa-me mostrar meu ponto de vista", nosso objetivo é visível, eu vejo que você está triste.

COMUNICADOR AUDITIVO, ela fala para si e ouve os pensamentos, ele faz o processamento pelos sons. Se você tentar se comunicar com ele com mensagens visuais, o auditivo terá dificuldades, por isso é importante enviar mensagens com elementos sonoros. Na fala ele varia mais o tom de voz, podendo ter uma voz mais ritmada.

Exemplos de frases auditivas: "ouça o plano que tenho para nós", "talvez tenhamos que de suavizar o tom deste contrato", "é como música nos meus ouvidos".

COMUNICADOR CINESTÉSICO, é empático e emotivo. Eles gostam de tocar tudo no momento da compra, ou, até mesmo, em um diálogo.

Exemplos de frases cinestésicos: "sinto que você está certo", "vamos tocar neste assunto".

É importante sempre avaliar a situação como um todo, e não somente por uma frase que a pessoa disse. O canal comunicativo predominante irá dar pistas de como lidar com a pessoa que você está comunicando, mas deve-se dar atenção também ao contexto e aos recursos citados acima.

REIMAN, 2010

Com estas dicas apresentadas neste capítulo, o ponto chave agora é utilizá-las e colocá-las essencialmente em prática no decorrer do seu dia a dia. A eficácia de uma comunicação está diretamente ligada à mudança de comportamento, novas posturas para atingir seus objetivos, devem ser assumidas perante os obstáculos propostos no decorrer dos caminhos escolhidos para o sucesso. Com isso, o diferencial entre o líder e seus colaboradores é a comunicação. Lembrando que, um líder antes de assumir sua função, é um ser humano como todos os outros, possuindo sentimentos e suas cargas pessoais, merecendo, assim, total respeito por ele.

Referências:
COTES, C; FEIJÓ, D; KYRILLOS, L. Voz e Corpo na TV. A Fonoaudiologia a Serviço da Comunicação. São Paulo: Editora Globo: 2003.
KYRILLOS, Leny. Expressividade. Da Teoria à Prática. São Paulo: Revinter, 2005.
http://vocesa.abril.com.br/desenvolva-sua-carreira/materia/fala-gerente-484458.shtml
REIMAN, Tonya. A Arte da Persuasão. Potencialize sua comunicação com o domínio da linguagem corporal. Trad. Mírian Ibanez. São Paulo: Lua de papel, 2010.
STEINBERG, Martha. Os Elementos Não-Verbais da Conversação. São Paulo: Atual, 1988.
ROMANO, Cristiane. O julgamento da expressividade do professor de enfermagem ministrando aula. Dissertação de mestrado (2010). Escola de Enfermagem de Ribeirão Preto – USP.

Cristiane Romano

Fonoaudióloga organizacional e clínica, palestrante e consultora em comunicação humana, diretora executiva da CRcomunicação corporativa. Pós-graduada em Voz - CEFAC e em Gestão e Estratégia de Marketing - PUC MG, Mestre e Doutorada em Ciências – USP, Professional *Coach* e Gestora *Coach*, Head Trainer com formação em Treinamento Comportamental, pesquisadora e amante do tema comunicação e expressividade oral desde a graduação até o momento. Ministrante do Curso de Oratória e Comunicação Estratégica – FIERP- USP- Ribeirão Preto, Docente do IPOG (Instituto de pós- graduação de Goiânia) na disciplina de Comunicação e Relacionamento Interpessoal; Docente da disciplina Comunicação Empresarial da Pós graduação da PUCMinas; Pertencente ao projeto pró- administração da FEA USP, responsável pela área de Oratória e Habilidades Comunicativas em Goiânia. Autora de vários artigos científicos nacionais e internacionais. Mais de 10.000 pessoas treinadas pelo Brasil todo, dentre estas, Morumbi Shopping, Group Nouble, Júnior Consultoria FEA - USP, entre outras empresas.

Contatos:
www.cristianeromano.com.br
www.cursosemcomunicacao.com.br
cristianeromano@cristianeromano.com.br
(37) 9967-0537/ (16) 8152-1928

Anotações

6

Aprenda a dominar os medos e ser um grande Comunicador

Estratégias para a comunição eficaz!

Douglas de Matteu & Gil Fuentes

Ser + em Comunicação

Um dos grandes desafios do homem é falar em público. Ansiedade, receio, medo são sentimentos que emergem na hora que nos defrontamos com uma grande plateia. Algumas pessoas chegam a literalmente "travar" nessas situações. Este problema pode ser enfrentado e vencido!

Mais do que técnicas, este artigo convida você, leitor, a identificar as possíveis causas desse "medo" e oferecer estratégias simples e eficazes para domá-lo a fim de realizar apresentações com maestria e potencializar sua comunicação.

O medo é um sentimento normal do ser humano, a grande questão é como lidamos frente a isso. O medo pode ser nosso maior carrasco ou nosso professor. Carrasco, pois ele pode nos imobilizar, neutralizar, congelar e nos aprisionar numa cela fria, escura e silenciosa. Mas como professor, nos permite crescer, desenvolver e enfrentar os desafios que nos são apresentados constantemente.

A questão não é abster-se completamente do medo, mas sim enfrentá-lo a fim de compreender que podemos aprender com os desafios. Para tanto, podemos assumir um personagem "corajoso" sempre que nos depararmos com o medo e nos munirmos de ferramentas para enfrentá-lo e vencê-lo!

Muitas vezes nossos medos repousam em experiências negativas do passado ou imagens criadas negativamente em nossa mente. Nesse sentido, podemos reenquadrar. Reenquadrar significa mudar o ângulo de perspectiva, transformar algo negativo em positivo. Ao transformar o significado de uma situação negativa para um sentido positivo, experiências negativas do passado podem ser vistas e sentidas como um aprendizado, um preparo para nova fase de excelência que você está construindo agora.

Para tanto, vamos mergulhar no tema comunicação e apresentar estratégias que podem auxiliá-lo a potencializar esta poderosa ferramenta. Ela existe, basta querer utilizá-la.

O ser humano é um ser de comunicação, a todo o momento estamos nos comunicando, seja por meio da linguagem verbal ou não verbal; ou seja, a comunicação está presente não só quando verbalizamos nossas ideias, mas também por meio de nossos comportamentos e posturas do cotidiano.

Para maximizarmos nossa comunicação, primeiramente podemos mobilizar um dos maiores poderes que temos, a imaginação, pois é da nossa mente que tudo nasce e é moldado em nossos comportamentos.

Ao considerar uma visão científica: "a Psicolinguística que é o ramo da neurociência que estuda a linguagem e o pensamento. Pensamento gera linguagem, linguagem gera postura e postura gera resultado. A

Ser + em Comunicação

Mente não está só na cabeça, está no corpo todo" (ALBULQUERQUE, ABBUD, KALTENBACH, 2009, p. 114). Conforme descrito pelos autores, tudo está em nossa mente, o poder da imaginação é descrito também por Napoleon Hill (2011) como a sexta lei do Triunfo, ou seja, a imaginação contribui de maneira significativa para os nossos resultados.

Nesse sentido, vamos unir o poder da imaginação e usá-la juntamente como a técnica da Programação Neurolinguística denominada Ponte para o Futuro (O' Connor, 2011), que propõe, basicamente, pensar, ouvir, visualizar e sentir o estado desejado antes dele acontecer, ou seja, utilizando o poder da mente para experimentar o futuro.

Podemos pensar que esta técnica nos leva a assumir o papel de um grande comunicador, isto é, assim como os atores assumem diversos personagens, estrategicamente podemos fazer uso desse modelo para assumir um excelente comunicador. É preciso que este personagem seja trabalhado ao longo dos dias, para que esteja sempre próximo de você. É como se na verdade ele existisse e estivesse adormecido.

Para tanto, convido você, leitor, a imaginarm como seria um grande comunicador, conferencista, palestrante. Como ele fala? Qual o vocabulário e tom de voz? Qual sua postura? Seu vestuário, seu comportamento, sua autoconfiança. Imagine você sendo reconhecido, a compreensão da plateia no que tange a clareza da mensagem e o valor do conteúdo ofertado. Como se sente?

Agora que você visualizou, ouviu, sentiu e saboreou a glória dessa sua conquista, vamos refletir na jornada para chegar a esse resultado. Vamos tentar colocar este seu personagem em ação. Fazer com que ele entre em cena de maneira segura e convincente. É preciso que ele seja convincente.

Um grande ator para interpretar uma personagem precisa se dedicar e encenar várias vezes para atingir os resultados esperados. Logo, precisamos elaborar e desenvolver as competências para realizar nossos pensamentos. Os atores ensaiam exaustivas vezes para encontrar o tempo certo da personagem e quando encontram fazem o que querem com ela. O mesmo se dará com sua personagem. É preciso exercitá-la, que seja na frente do espelho ao invés dos tablados, mas que este exercício seja exaustivo ao mesmo ponto dos grandes atores.

Para potencializar nosso vocabulário a leitura é fundamental, então você está no caminho certo, pois está lendo este livro. Agora precisamos ampliar a leitura, pois além de ampliar o vocabulário ela permite aquisição de informações para o desenvolvimento de conhecimento e consequentemente dará consistência em nível de conteúdo para o seu discurso. Não será necessário estudar Stanislavski, Brecht ou qualquer outro dramaturgo da literatura mundial. Mas poderá fazê-lo também para aumentar seu conhecimento, caso julgue importante. É sempre bom saber onde se pisa.

O ator ao construir uma personagem faz uma investigação sobre o papel a ser assumido e desenvolve a identidade da personagem, sua postura e a linguagem a ser empregada. É importante que todas estas informações – embora fictícias – sejam verdadeiras. O ator defende até o último minuto sua personagem, seja ela a protagonista ou antagonista.

Para a compreensão da plateia precisamos tramitar nossa linguagem considerando os sistemas representacionais (O´Connor, 2011), todos nós capturamos a "realidade", por meio de nossos sentidos, ou seja, pela visão, audição e sinestesia, que compreende o tato, olfato e paladar. Ao considerar essa concepção a nosso discurso, logo você deverá considerar que algumas pessoas são mais auditivas, ou seja, os sons são mais relevantes no processo de comunicação; outras visuais, isto é, valorizam mais a comunicação visual, veja bem, para algumas pessoas parece que precisamos desenhar para que ela compreenda logo - a utilização de imagens, *slides* faz todo o sentido para acessá-las. Outras, no entanto, têm como sistema dominante a sinestesia, ou seja, o fazer, o sentir e saborear são mais expressivos.

Importante ressaltar que algumas pessoas não se dão conta de tais potenciais. Demoram mais para identificar tais sentidos ou então acham que um sentido mais aguçado não significa necessariamente um diferencial em sua existência, enquanto que isto faz toda a diferença. Ter uma aptidão é mais que uma diferença. É preciso prestar mais atenção aos sentidos. Todos eles.

Em linhas gerais, todos nós utilizamos os cinco sentidos, porém temos preferência em um deles, logo, o bom comunicador deve transitar pelos sistemas representacionais em seu discurso ou palestra, pois assim irá potencializar os resultados positivos de seu discurso em relação a sua plateia.

A Postura e a Energia

Algumas pessoas parecem que vivem se arrastando, outras possuem energia de sobra, mantêm uma postura física e mental positiva. Talvez você se recorde do desenho animado Lippy the Lion & Hardy Har Har, em que Hardy, a hiena pessimista, sempre tinha uma postura depressiva, pessimista e sem energia. Um bom comunicador possui postura otimista e energia contagiante.

Grandes comunicadores dominam o seu medo, assumem o personagem desejado e vão para o palco da vida e se apresentam encantando e emocionando as plateias.

A segurança também se apresenta na voz, no sorriso, no olhar, na maneira como se toca outra pessoa, ou até mesmo no caminhar seguro, leve e firme ao mesmo tempo. Mas onde buscar esta postura? Onde encontrar esta energia? Ao encontrá-las, como colocá-las em prática? São as perguntas mais frequentes que poderemos fazer. É simples. Ninguém ama verdadeiramente sem saber dizer que ama. É impossível estar feliz e não expressar isto no sorriso, no olhar, nos gestos.

Perceba sua postura quando está feliz. O seu andar, a maneira como você se dirige às pessoas. É este personagem que deve imperar. Um estado de graça que faz surgir em cena um personagem sensual e às vezes até mais bonito do que realmente é. Mas ele não vive em cena as 24 horas do dia. Existem os aborrecimentos e outras chateações que o impedem de reinar.

Depois de descobrir o caminho, transforme este personagem em seu porto seguro e conviva com ele diariamente. Discuta com ele. Converse. Aprenda e também o ensine. Peça ajuda a ele e libere o seu canal de entrada. É preciso saber ouvir. Quem sabe ouvir sabe também a hora certa de falar e melhor que isso, sabe o que dizer. Nesta hora não existe o medo. Existe a segurança e a certeza daquilo que se faz.

As experiências negativas servem apenas como referencial. Não podem mais nos amedrontar. Devem ser colocadas de lado, mas jamais serem esquecidas. Só não podem ser cultivadas.

O mundo da imaginação nos faz crer que somos capazes. Todos podem se comunicar ao seu modo, mas existem caminhos específicos que elevam mais um comunicador que outro. Talvez termos uma personagem bem resolvida ao nosso lado seja uma alternativa. Acreditar que esta autoconfiança vem das estranhas – como se diz no teatro – seja a solução.

Saiba usar toda esta energia que se desprende do seu corpo, por meio de uma postura correta e eficaz, a fim de se tornar o seu próprio porta-voz. Leia muito e acredite que é capaz e busque seu próprio picadeiro para brilhar. Ele existe e pode estar muito mais próximo do que imagina. Olhe ao seu redor.

Talvez desejar "merda" a você neste instante possa até te chocar, mas os artistas desejam uns aos outros "merda" antes de entrarem em cena. É uma maneira clássica de dizer "boa sorte".

Referências:
ALBUQUERQUE, Jamil; ABBUD, Marcio; KALTENBACH, Walter. A Lei do Triunfo para século 21: um épico da ciência do comportamento. Ribeirão Preto:Editora Napoleon Hill, 2009.
HILL, Napoleon. A Lei do Triunfo. Rio de Janeiro: José Olympio, 2011.

Douglas de Matteu & Gil Fuentes

Prof. Me Douglas de Matteu: Mestre em Semiótica, Tecnologias da Informação e Educação, especialista em Marketing e em Educação a Distância, Bacharel em Administração de Empresas, *Master Coach* com reconhecimento internacional ICI, ECA, GCC e Metaforum. *Coaching, Mentoring & Holomentoring* - ISOR®. *Practitioner* em Programação Neurolinguística. Docente na Fatec de Mogi das Cruzes, Faculdade Unidade de Suzano e em cursos de pós-graduação. Presidente da Associação Brasileira dos Profissionais de Marketing e do Instituto Evolutivo - *Coaching* & Marketing. Desenvolve treinamentos, palestras e *Coaching*. Coautor de diversos livros, em especial: Ser + em Gestão de Pessoas, Manual Completo de *Coaching* e *Master Coaches*, pela Editora Ser Mais.
Contatos:
www.institutoevolutivo.com.br / www.douglasmatteu.com.br
(11) 3419-0585

Gil Fuentes: Jornalista, colunista social do jornal Diário de Suzano há mais de 22 anos, atua também no Caderno W. Comanda o programa "Gil Fuentes em Debate" na Sempre Mais FM 90,7 e o programa "Gil Fuentes Entrevista" na Rádio Show Time (www.showtimeradio.com.br), além do site www.gilfuentes.com.br, com noticias do Alto Tietê e Brasil. É mestre de cerimônias, ator e cantor. Este é o seu mais novo desafio. Se apresenta cantando composições famosas da MPB. É também organizador e realizador de grandes eventos sociais.
Contatos: www.gilfuentes.com.br / gil@gilfuentes.com.br

Anotações

7

A arte de conhecer e de se comunicar com os públicos

Qual a importância de conhecer o público com o qual você está lidando? Existe mais de um tipo de público? Quais são as diferenças entre eles?

Fábio França

Ser + em Comunicação

Fábio França

Quem se comunica quer atingir alguém, algum público específico, mas a dificuldade está, muitas vezes, em saber com quem a pessoa está falando e em conhecer de maneira mais profunda esse interlocutor. Para ser eficaz, minha comunicação deve ter um objetivo: mensagens adequadas ao público a que me dirijo. Preciso também levar em conta a ligação que posso ter ou não com a outra parte, e tentar conhecer suas expectativas para satisfazer seu interesse em se relacionar comigo. Se não existir interatividade, empatia entre as partes, torna-se difícil iniciar e manter um relacionamento dialógico.

Conhecer os públicos, suas características, crenças, atitudes, preocupações e estilo de vida: eis o grande desafio dos comunicadores e das organizações que, necessariamente, mantêm múltiplas relações com grande variedade de públicos e querem que compartilhem de maneira eficiente suas atividades.

Conceitos de público

A grande relevância do tema esbarra na dificuldade em definir o conceito de público. Para os sociólogos, público é um grupo de pessoas com interesses comuns que se vê diante de uma controvérsia e procura resolvê-la por meio de um debate.

Muitos autores definem os públicos em internos, externos e mistos. Outra definição muito utilizada é a de *stakeholders*, entendendo-se que *stakeholder* "é qualquer indivíduo ou grupo que pode influenciar ou ser influenciado pelos atos, decisões, políticas, práticas ou objetivos de uma organização".

Essas e muitas outras definições de público mostraram-se insuficientes e contraditórias para determinar com clareza as múltiplas inter-relações da organização com seus públicos estratégicos.

Uma pesquisa qualitativa feita com executivos de grandes organizações de diversos setores nos deu a chave para elaborar um conceito inovador e estratégico para analisar o relacionamento da empresa com os multipúblicos. Demos a esta estrutura a designação de "conceituação lógica de públicos", que explicaremos a seguir.

Conceituação lógica de públicos

Por que conceituação lógica? A lógica é um termo da filosofia que pode ser entendido como um conjunto de regras e princípios que orientam o desenvolvimento de uma argumentação ou de um raciocínio, ou seja, é uma maneira de raciocinar e julgar corretamente para se chegar ao conhecimento verdadeiro. Trata-se de um instrumento de trabalho que ensina a tirar conclusões corretas. Se usarmos o raciocínio lógico, poderemos definir com clareza o papel e a função de cada público na sua relação com a organização.

A partir dos resultados da pesquisa, estabelecemos um modelo objetivo de análise da inter-relação empresa-públicos, que considera os seguintes pontos: tipo de público, tipo de relacionamento, objetivos do relacionamento, resultados esperados pela empresa, nível de dependência/participação/interferência dos públicos na empresa e, afinal, a identificação das expectativas dos públicos em relação à organização. Ver Quadro n. 1.

Demonstrativo de tipos, objetivos, resultados e expectativas de relacionamentos das organizações com os públicos

Público	Tipo de relacionamento	Objetivo da empresa	Nível de dependência	Resultados esperados pela empresa	Expectativas dos públicos
Empregados	Legal Negócios Social	Obter produtividade Ter capacidade operacional Obter lucratividade	Essencial Estratégica	Dedicação Lealdade Satisfação Comprometimento	Reconhecimento Salários justos Não-discriminação Pagamento em dia
Clientes	Negócios Parceria a curto e longo prazo	Aumentar as vendas Dar excelente atendimento	Essencial	Credibilidade Satisfação Fidelidade	Produtos de qualidade Assistência técnica Bom atendimento Preços justos
Fornecedores	Negócios Legal	Obter bons contratos Ter qualidade de produtos Fazer entrega *just in time*	Essencial	Relação duradoura Observância dos contratos Ética na relação	Cumprimento de contratos Pagamentos na data marcada

A análise mais profunda dos resultados da pesquisa revelou que há públicos dos quais a empresa depende para sua constituição, viabilização e a realização de negócios. Outros complementam sua ação, participando de sua divulgação e de seus produtos. Há outros que interferem nas atividades da empresa. Desse posicionamento, deduz-se que há três tipos de públicos: essenciais, não essenciais e os que podem interferir na empresa. Essa conclusão está fundamentada em três critérios: grau de dependência dos públicos, grau de participação na empresa e grau de interferência nas suas atividades. Esses critérios permitem classificar de maneira precisa (lógica) os diferentes tipos de públicos que interagem com a organização.

1. O primeiro critério é o grau de dependência jurídica, situacional da organização de seus públicos para sua constituição, existência e permanência no mercado, que permite estabelecer dois tipos de públicos: os essenciais constitutivos e os essenciais não-constitutivos, podendo estes ser subdivididos em primários e secundários. Esses públicos executam a atividade-fim da empresa.

2. O segundo critério é definido pelo maior ou menor grau de participação dos públicos nos negócios da empresa, na defesa de seus interesses e na sua promoção. São os públicos não-essenciais (aciden-

tais) dedicados às atividades-meio.

3. O terceiro critério destaca o nível de interferência que determinados públicos podem exercer sobre a organização e afetar seus negócios.

Categorização lógica dos públicos

A partir do estabelecimento desses critérios, tornou-se factível construir uma estrutura lógica que permite classificar os públicos em três categorias: essenciais, não-essenciais e de interferência.

Categoria I: públicos essenciais

São essenciais aqueles públicos ligados ou não juridicamente à organização e dos quais ela depende para a sua constituição, manutenção, sobrevivência, e para a execução de suas atividades-fim. Esse nível de dependência é situacional e variará de acordo com cada tipo de organização.

Os públicos essenciais ou de referência dividem-se em dois segmentos:

1. Os constitutivos da organização. Aqueles que respondem pela sua constituição, oferecendo-lhe todos os recursos necessários para a montagem de sua estrutura, para atingir as atividades-fim. Representam os empreendedores que criam a empresa, correm o risco do negócio, governo, investidores, acionistas, diretores, etc.

2. Os públicos não-constitutivos ou de sustentação são também imprescindíveis, mas, por sua natureza, não interferem diretamente na constituição da organização, mas garantem sua viabilização e manutenção no mercado, enquanto são responsáveis pela produtividade e lucratividade previstas nas atividades-fim. Podem ser primários, como empregados, fornecedores, clientes, ou secundários, aqueles com os quais a empresa tem menor nível de dependência, como terceirizados, temporários, etc.

Categoria II: públicos não-essenciais

Esses públicos representam redes de interesse específico, e participam das atividades da organização em grau maior ou menor. Não são essenciais, pois não participam das atividades-fim, apenas das atividades-meio. Não estão ligados aos fatores produtivos, mas à prestação qualificada de serviços e atuam no ambiente externo.

Podem ser subdivididos em quatro sub-categorias:

1. Redes de consultoria, divulgação e promoção da organização (agências de propaganda, relações públicas, consultorias).

2. Redes de setores associativos organizados (associações de classe, patronais, comerciais).

3. Redes de setores sindicais (sindicatos patronais e de trabalhadores).

4. Redes de setores comunitários (instituições políticas, comerciais, bancárias, ONGs, clubes esportivos, organizações da comunidade).

Categoria III: públicos de redes de interferência
Públicos do cenário externo que, pelo seu poder de liderança operacional ou representativa perante o mercado e a opinião pública, podem exercer influências indesejáveis no desempenho da organização. São considerados nos subsistemas: redes da concorrência (local, regional, nacional, internacional); redes de relacionamentos internacionais; redes de comunicação de massa; redes sociais; redes de ativistas e ideológicas.

Como proceder para classificar os públicos
Todo trabalho de classificação exige reflexão e metodologia no procedimento a ser adotado. A conceituação lógica exige precisão na identificação dos públicos e das suas interfaces com a organização, para se fazer uso de seu mapeamento, o que pode ser conseguido mediante a observância de sete passos.

1. Faça uma listagem completa dos públicos que se relacionam com a organização.
2. Identifique os públicos com os quais a organização interage de maneira frequente.
3. Selecione, do rol geral, os públicos de interesse específico, ou seja, aqueles que são imprescindíveis (essenciais) para o negócio; separe-os dos públicos não-essenciais e dos públicos de interferência; em seguida, faça o mapeamento desses públicos, isto é, defina os públicos estratégicos da empresa.
4. Determine o tipo de relacionamento que a empresa quer manter com os públicos selecionados.
5. Defina qual é o objetivo do relacionamento da empresa em relação a esses públicos.
6. Descreva as expectativas da organização em relação aos públicos.
7. Procure conhecer as expectativas dos públicos e responder a elas.

Conclusão
A conceituação lógica aplica-se a qualquer tipo de relação e de público. Permite pela sua logicidade identificar, mapear e classificar os públicos de maneira objetiva de acordo com o perfil de cada público e o interesse da organização. Permite ainda a criação do plano geral de relacionamento e de comunicação da organização com as partes interessadas, mostrando que o melhor caminho para se comunicar de maneira eficaz é conhecer os públicos.

Os leitores interessados em estudar a conceituação lógica podem consultar o livro:
Públicos: como identificá-los em uma nova visão estratégica: business relationship. Fábio França. – 3 ed. – São Caetano do Sul, SP; Yendis Editora, 2012.

Fábio França

Doutor em Ciências da Comunicação pela Universidade de São Paulo – Relações Públicas – ECA/USP; tem formação em Filosofia e Psicologia. Foi executivo de Relações Públicas por mais de 20 anos em empresas nacionais e internacionais. Docente em programas de pós-graduação e graduação em instituições universitárias brasileiras. Conquistou diversos prêmios na área de Relações Públicas e Comunicação. Coautor de Relações Públicas: teoria, contexto e relacionamentos, Manual da Qualidade em Projetos de Comunicação, A comunicação como estratégia de Recursos Humanos, *Relaciones Públicas: naturaleza, función y gestión en las organizaciones contemporâneas* e Públicos; como identificá-los em uma nova visão estratégica: *Business relationship*. É Consultor de Relacionamentos Corporativos e de Comunicação Organizacional e Diretor de Relações Públicas do Sindicato Profissional de Profissionais de Relações Públicas de São Paulo.

Contato:
ffranca@uol.com.br

Anotações

8

VOCÊ está realmente preparado para ouvir, identificar e apresentar a solução ideal para o seu cliente?

A arte de ESCUTAR na área de vendas, onde uma simples informação interpretada de forma contrária pode atrapalhar seu rendimento diário, ou até mesmo impedi-lo de concluir sua(s) meta(s) e objetivo(s) mensal(ais). Para isso, temos de estar atento aos detalhes de todas as informações prestadas pelo cliente desde o início de sua apresentação a ele, e durante todo o processo de formalização e conclusão da venda. VOCÊ está preparado para desenvolver sua escuta ativa?

Felipe Gomes

Ser + em Comunicação

Felipe Gomes

Na arte de vendas, pessoas que se destinam a trabalhar nessa encantadora profissão de se relacionar com outras pessoas o dia todo, têm que estar atentas a ouvir em primeiro lugar qual é a real necessidade de seu cliente, para que seja alimentado todo o contexto de formalização e conclusão de uma venda. Escutar é uma arte a ser desenvolvida por todo e qualquer ser humano que esteja disposto a se superar na vivência cotidiana de se relacionar com outras pessoas, seja ele no campo profissional ou pessoal (interpessoal/intrapessoal).

É importante identificar seu(s) canal(ais) de aprendizagem mais desenvolvido, ou seja, o auditivo, o cinestésico ou o visual, feito isso se VOCÊ já tem o canal auditivo desenvolvido, excelente, caso não tenha, excelente também pois iremos desenvolver isso junto a VOCÊ para que obtenha seus resultados com excelência. Isso ocorre pela capacidade de neuroplasticidade cerebral que é a capacidade de se experienciar novas mudanças no ambiente de aprendizado e desenvolver novas habilidades/situações, pois criam novas trilhas ou caminhos neurais.

Para exemplificar uma situação real que aconteceu em um atendimento a um cliente, vou demonstrar-lhes passo a passo um fato que ocorreu num atendimento de vendas a um cliente, onde estava em acompanhamento de supervisão de vendas a um vendedor, numa consultoria que estava realizando a uma empresa de atacado/varejista no ramo alimentício. Confiram:

Iniciando mais um dia de trabalho em vendas, no início de maio de 2012, um detalhe importante a salientar que nesse dia estava uma chuva torrencial na cidade de São Paulo, era uma segunda-feira, após ter preparado o roteiro de visitas a clientes na região que iria trabalhar nesse dia junto ao representante, começamos a atuar debaixo de chuva como se fosse um outro dia qualquer ensolarado, pois quem trabalha em atendimento de vendas no sistema P.A.P.(porta a porta) tem que se adaptar às condições diárias que podem vir a atrapalhar o seu rendimento, tais como chuvas, frio, calor em excesso podem vir a atrapalhar quem está atuando no campo de trabalho na rua, indo ao encontro de suas metas e objetivos. Para que isso não ocorra, é necessário anular internamente em seus pensamentos que isso realmente irá lhe atrapalhar, pense de forma positiva e aja de forma mais positiva ainda, como por exemplo a situação da chuva, ela atrapalha porém para que isso não impeça de continuar a sua jornada, ande sempre com um guarda-chuva em sua pasta de trabalho se estiver atuando na sua região a pé ou pelo sistema de transporte público de sua cidade, e se estiver atuando com algum veículo próprio tenha sempre no seu porta-malas um guarda-chuva também de reserva. O mesmo podemos realizar para a situação de frio e o calor, tenha em seu porta-malas uma blusa ou jaqueta de

Ser + em Comunicação

frio de reserva, pois imprevistos sempre acontecem, ainda mais aqui na cidade de São Paulo, em que a temperatura de manhã ao sair de casa se apresenta tranquila e de repente o tempo vira e começa a chover bastante ou até mesmo fica um calor terrível, ou também esfria rapidamente e VOCÊ não veio preparado para isso, e pode vir a precisar voltar a sua casa para se adaptar a essa situação repentina, isso fica fácil se VOCÊ atua num setor/região próximos a sua residência, mas se caso contrário for longe terá que continuar mesmo assim e aguentar até o final do dia, ou comprar um novo guarda-chuva se o que estiver impedindo de prosseguir seja a chuva, ou uma blusa ou jaqueta se ficar muito frio. No caso de calor não tem muito o que ser feito, pois o profissional de vendas que atua no sistema P.A.P.(porta a porta) precisa estar vestido social esporte ou social fino dependendo da sua área de atuação, ou seja, VOCÊ se apresenta de forma mais adequada de acordo com sua área de atuação, pois a sua impressão é a fixa na mente de seu cliente. Uma dica para quando está muito calor é utilizar um bom protetor solar para que proteja sua pele das ações dos raios ultravioletas e que hidrate sua pele e amenize o calor excessivo externo também.

    Chegando ao primeiro cliente debaixo daquela chuva torrencial, nos deparamos a uma situação que primeiramente veio a soar de forma engraçada aos nossos ouvidos, porém tivemos que continuar nosso trabalho de visitar todos os clientes do roteiro daquele dia. Entramos e nos apresentamos, minha função ali era de apresentar o novo representante da região para esse cliente, e o mesmo foi receptivo, porém logo após a apresentação ele já foi dizendo: - Não vou comprar nada hoje porque está chovendo! O representante ficou paralisado, pois essa era a primeira visita dele não só do dia, mas como também a primeira atuação dele no setor, pois esse era o primeiro dia dele nessa empresa de atacado/varejista no ramo alimentício. Eu achei diferente o discurso por parte do cliente, eu já havia ouvi de tudo no ramos de vendas no que se diz respeito a não vou comprar hoje: porque estão fracas as vendas essa semana; porque estou de saída; porque estou ocupado; porque tenho tudo ainda no estoque; porque essa semana as compras estão suspensas; porque na última semana do mês não realizo compras, pois meu faturamento fiscal já está no limite; porque essa semana tem feriado, porque VOCÊ veio no horário errado, só atendo na parte da manhã. Volte na semana que vem , pois hoje não quero nada; porque essa empresa troca de vendedor toda hora; porque não agendou um horário com minha secretária; porque não me passou a tabela e o catálogo por e-mail; porque sua empresa não participa de cotação/leilão, dentre outros. Minha atitude ali foi de estabelecer um *rapport* com o cliente para que não perdêssemos clima da venda, e o cliente completou: - Passe na próxima semana que veremos alguma coisa para comprar. O representante anotou em seu roteiro que voltasse na próxima semana, e esperamos um pouco a chuva diminuir pois estávamos molhados até a canela, pois mesmo com o guarda-chuva não estava adiantando muito, pois a chuva estava forte demais, e continuamos nosso trabalho e o representante me questionou se essa fala era comum, pois também achou estranho por um lado e engraçado do outro alegar que não iria comprar pois estava chovendo!

Passado uma semana, seguindo o roteiro de visitas voltamos a esse cliente novamente conforme ele havia nos solicitado na semana anterior, e ao entrarmos o cliente nos fala após nos apresentarmos formalmente: - Hoje não irei comprar nada, pois a minha calçada está em reforma! Passe semana que vem que vejo algo para comprar de VOCÊS. Mais uma vez achei diferente a forma de um cliente se expressar perante a uma situação em vendas, porém como tínhamos várias visitas a realizar no setor, demos continuidade em nosso trabalho. O representante ficou encafifado de um lado e do outro achou estranho, perguntou a mim até se o cliente não tinha se simpatizado com ele, expliquei a ele que isso acontece muito nessa área de vendas, que mantivesse o foco, e continuássemos nosso trabalho, pois temos que respeitar a opinião dos clientes, e que talvez ele estivesse segurando as compras, para que ele não achasse que fosse algo de cunho pessoal, pois isso iria atrapalhar o seu rendimento perante todo o setor que tínhamos a visitar ainda, pois tínhamos mais de 100 (cem) clientes a visitar e continuamos nosso trabalho e solicitei que ele anotasse o retorno para a próxima semana em seu roteiro de visitas semanais.

Passando mais uma semana, o representante comenta comigo que não se sente a vontade em visitar aquele cliente que não quis comprar dele no primeiro dia de trabalho dele, e salientei a ele que tínhamos que voltar ao cliente, pois ele consta no cadastro da empresa e que superasse as falas do cliente, pois o NÃO faz parte do cotidiano de que atua em vendas no geral e o SIM ele tem que ser conquistado, ele pensou, repensou e deixamos para fazer esse cliente no período da tarde e não mais de manhã como tínhamos feito nas duas semanas anteriores, pois analisando todo o contexto de atendimento a esse cliente, conclui que talvez estivéssemos visitando-o em horário errado e tínhamos que por tentativa e erro indo excluir todas as possibilidades até que chegássemos a conclusão de uma venda a esse cliente, já tinha virado até terma de reunião nos encontros semanais com toda a equipe e se tornou um trunfo conseguirmos vender para esse cliente, a conclusão da venda para esse cliente se tornaria um troféu para nós. No final da tarde desse dia, depois de realizarmos todo o roteiro de atendimento, passamos no cliente no-

Ser + em Comunicação

vamente, antes de entrarmos falei para o representante que mantivesse a calma, que estabelecesse um *rapport* com o cliente, mostrasse todo o catálogo, sorrisse mais e que fosse mais espontâneo também para que todo o repertorio da venda fluísse e chegássemos à conclusão da venda com êxito. Ao entrarmos no cliente, nos apresentamos, e o cliente nos fala: - Vocês aqui de novo? Essa semana não quero nada. E o representante pasmo pergunta: - Por quê? Aconteceu algo? Foi algo que eu falei ou fiz, que VOCÊ não quer comprar nada comigo? E o cliente responde: não, não, é que eu que não quero comprar nada hoje! Nesse momento eu passo a fazer parte do processo de vendas e num estabelecimento rápido de *rapport*, faço uma pergunta para que houvesse uma quebra de padrão no atendimento entre o representante e o cliente: - Então "hoje" VOCÊ não quer comprar nada é isso, então voltaremos amanhã, correto? Pois se falou que não quer comprar nada "hoje", amanhã sendo um novo dia VOCÊ irá poder comprar, correto? O cliente deu um sorriso, e respondeu minha pergunta: - Não, essa semana eu não vou comprar nada, passa aí depois! Finalizei o atendimento, pois tínhamos que analisar o contexto geral da situação dessa venda e continuarmos nosso trabalho. O representante ficou chateado, porém continuou seu serviço, mesmo inconformado com toda a situação, lembrei-o que iríamos arrumar uma solução para concluirmos esse atendimento. Ao entrar no cliente nesse dia, reparei nas prateleiras que havia pouca mercadoria nossa à disposição do consumidor final, e comentei com o representante que mudaríamos a estratégia, pois ele tendo nossa mercadoria ainda em estoque na prateleira, que daríamos um tempo maior de retorno para que ao voltarmos já conseguíssemos efetivar a venda.

Após vinte e um dias, retorno a esse cliente, dei um intervalo maior para que desse tempo da mercadoria finalizar e concluir o pedido com esse cliente, e mudei a estratégia de abordagem com o cliente, tinha que falar algo que criasse impacto e que, ao mesmo tempo, quebrasse aquele padrão negativo que estava estabelecido entre o cliente e o representante, e analisando todas as falas do cliente realizando uma escuta ativa. Analisei passo a passo todo o contexto que escutei na presença de todas as visitas a esse cliente e criei uma nova estratégia assertiva, que passei a ele sorrindo e falando em bom tom de voz, estalecendo rapport e uma ancoragem cinestésica, colocando, enquanto faço a ele algumas perguntas, a mão direta em seu ombro esquerdo. Essa estratégia é eficaz e indica os motivos pelos quais não compraria, deixando a você pistas sobre como agir com ele.

Felipe Gomes

Atuação: Presidente do Grupo Penso Sempre Positivo, Diretor Responsável do Departamento de Psicometrias da Escola de Auto-Hipnose Mateus Grou, Membro integrante da Sociedade Brasileira de Biometria Funcional – SBBF, Personal Coach, Hipnoterapeuta, Programador Neurolinguista, Professor e Palestrante.

Formação: Personal & Professional Coaching, Coaching Intuitivo, Practitioner em PNL, Master-Practitioner em PNL, Hipnose Clínica, Hipnose Letárgica, Hipnose Rápida e Ultrarrápida, Hipnose para Traumas e Fobias, Hipnose para o Tabagismo, Memorização, Leitura Eficaz, Inteligência Emocional, Mapas Mentais, Oratória, Motivação, Liderança, Concentração, Técnicas de Estudos, Consultoria em Vendas e Marketing, Marketing Digital, Energização de Cristais, Reiki (Níveis I e II), Comunicação Eficaz e Linguagem Corporal, Cromoterapia, Massoterapia, Numerologia Pitagórica, Ascensão Cósmica, Astrologia Cármica, Biometria Funcional e Psicologia em Processo de Formação.

Contatos:
www.pensosemprepositivo.com.br / www.pensosemprepositivo.wordpress.com
felipegomes@pensosemprepositivo.com.br
twitter.com/pensosppositivo
br.linkedin.com/in/pensosemprepositivo / youtube.com/pensosemprepositivo msn: pensosemprepositivo@hotmail.com
Skype: pensosemprepositivo
(011) 9641-PENSA / (011) 9641-73672

Anotações

9

Comunique-se bem: seja assertivo

A assertividade ajuda os líderes a conhecerem melhor as pessoas e é essencial na construção de uma boa comunicação dentro da empresa

Gutemberg Leite

Comunicar-se bem é uma arte difícil de ser aprendida. Por isso, as dissonâncias na comunicação, também chamadas de barreiras, estão sempre presentes e acabam prejudicando, não só a transmissão de mensagens de uma pessoa para outra, mas dificultando também a compreensão do que queremos dizer, e de como pretendemos ser entendidos. Ao se comunicar, cada pessoa utiliza seu repertório cultural, suas crenças, seus princípios, enfim, tudo aquilo em que acredita e, inconscientemente, julga que o seu interlocutor deva compartilhar com ela. Essa suposição incorreta é um dos elementos que dificultam o entendimento entre as pessoas.

Leva-se em conta que, ao se comunicar com alguém, o emissor transmite informação que pode simplesmente ser notícia de um fato acontecido ou pretende que seu interlocutor aceite suas opiniões sem contestação, o que já é uma interferência no seu mundo real ou imaginário.

Todos nós amamos nossa liberdade de expressão e queremos que as pessoas pensem como nós. Não existe esta unanimidade e a comunicação acontece no meio da controvérsia. Por isso é difícil comunicar-se bem. A comunicação exige de cada pessoa habilidade em conhecer seu interlocutor, respeitar suas ideias e em saber compartilhar com ela novos conceitos que possam contribuir para a geração de um processo mais profundo e consensual de entendimento entre as partes, ou seja, o desenvolvimento de um efetivo diálogo. Conhecer esse processo é da maior importância para quem lidera pessoas e quer obter delas resultados.

Como acontece a comunicação

Em nosso livro "A comunicação como estratégias de Recursos Humanos", afirmamos que a comunicação só acontece quando a pessoa à qual nos dirigimos percebe o que desejamos comunicar e presta atenção ao que estamos falando, e manifesta, pela mudança de atitude, que compreendeu o que lhe foi dito. Supõe, portanto, uma interatividade entre a forma de expressão e a recepção da mensagem (França e Leite, 2011, p. 57).

Essa análise sugere que, para existir boa comunicação, é necessário que nos expressemos com clareza, tenhamos objetivos definidos, além de dar atenção ao interlocutor, ter paciência para ouvi-lo e interpretar suas mensagens. Não se pode esquecer que o receptor interpreta as mensagens recebidas de acordo com o seu sistema de referências, como lembramos no início. Ciente disso, para praticar uma comunicação eficaz, o emissor precisa lançar mão de recursos persuasivos, sobressaindo entre eles o uso da assertividade.

Ser + em Comunicação

A assertividade ajuda a conhecer as pessoas

A prática da assertividade leva à análise das atitudes das pessoas quando agem sob pressão. Nesse caso, os autores que se dedicam ao estudo do comportamento humano diante da comunicação sintetizaram esse comportamento em quatro tipos: passivo, agressivo, passivo-agressivo e assertivo, identificando como cada um desses tipos reage em resposta aos estímulos recebidos no ato da comunicação.

Essa tipologia serve para indicar, por exemplo, como as pessoas interagem e se comunicam. Na área de Recursos Humanos, mostra que líderes que se enquadram nessa tipologia podem facilitar ou dificultar a comunicação, motivar ou desmotivar seus comandados. Entenda a tipologia.

O tipo passivo tem dificuldade em se comunicar: é hesitante, tem baixa estima, é pessimista, julga que nada está a seu favor, tudo o que faz não dá certo. Trata-se de um comportamento negativo, mas diante de desafios, a pessoa precisa reagir e adotar uma atitude assertiva para vencê-los. Um líder com essa característica tem baixa assertividade e se comunica de maneira inexpressiva e impede o bom desempenho da equipe que comanda.

O tipo agressivo age com desenvoltura, agride verbalmente os interlocutores, não saber ouvir, e quer ser sempre vencedor; acaba menosprezando as pessoas e tirando sua concentração no trabalho. Nesse caso, o líder manifesta assertividade compulsiva e pratica uma comunicação descontrolada, o que gera dificuldade em entender suas ordens.

O tipo passivo-agressivo tenta superar as fraquezas de sua passividade com a arrogância do tipo agressivo. Adota procedimentos inconsequentes e acaba não merecendo confiança de seus subordinados. Age com uma assertividade ambivalente e sua comunicação é ambígua. As pessoas ficam confusas sem saber o que fazer.

O tipo assertivo caracteriza-se pela firmeza e dinâmica positiva da relação com os interlocutores. Por isso, podemos dizer que "as pessoas que agem de forma assertiva são seguras, confiantes. Mantêm bom contato visual com o interlocutor, expressam-se com boa dicção, voz firme e com vocabulário adequado. Não se apresentam com traços agressivos, são claras na exposição de seus motivos, estão dispostas a ouvir e também a aceitar recusas sem perturbações. Além disso, admitem que, às vezes, podem errar e necessitar de ajuda. Dessa forma, podem fazer ou dizer o que querem e atingir os resultados desejados" (França e Leite, 2011, p. 63). Portanto, o líder com esse tipo de comportamento faz uma comunicação eficaz.

A comunicação assertiva

A assertividade é a chave da boa comunicação para todos, principalmente para que os líderes obtenham resultados. Deve ser uma característica fundamental do seu perfil. Seu objetivo é estabelecer com os interlocutores uma comunicação afirmativa, honesta e dinâmica. Ser assertivo é ter a capacidade de afirmar ou fazer asserções de maneira positiva, clara e direta, o que torna a comunicação mais eficaz e fortalece o papel da liderança.

Ao se comunicarem, pessoas assertivas são capazes de expressar suas convicções e sabem ouvir as opiniões dos interlocutores e confiar nelas para debaterem um assunto.

Vera Martins (2005, p. 18-19) lembra que "ao assumir a postura assertiva você desenvolve relações maduras e produtivas no ambiente profissional e familiar e também em situações do cotidiano: reuniões sociais, com amigos, na escola dos filhos, nas relações comerciais de compra e venda, na fila do banco e do supermercado, entre outras".

Outro autor que explica a importância da assertividade para a obtenção de resultados na comunicação é O'Brien (1998, p. 22), que defende a atitude assertiva como "a maneira inteligente e honesta pelas quais as dificuldades a serem confrontadas são realmente confrontadas, e as informações que precisam ser passadas são passadas, mesmo que seja desconfortável ou difícil fazê-lo. Ser assertivo é comportar-se baseando-se em real autoestima, respeito a si mesmo e aos outros e preferir encontrar a melhor solução de um problema em lugar de uma questionável vitória pessoal".

As equipes conduzidas por um gerente assertivo sentem-se seguras quanto ao modo de proceder e ao que devem fazer. Mantêm uma relação adulta com o seu chefe, são ouvidas e não vivem sob pressão emocional, por isso podem dar sugestões, tomar iniciativas e discutir erros.

A área de Recursos Humanos lida com situações complexas. Exige que o comunicador, ou o líder, saiba se comunicar de maneira assertiva para atingir seus objetivos. Há momentos específicos que devem ser considerados pelas lideranças do setor de Recursos Humanos, como as atividades de seleção, admissão, treinamento, avaliação, que exigem assertividade para serem bem conduzidas.

Características dos líderes assertivos

O objetivo da assertividade é estabelecer intercâmbio e harmonização entre as partes para que as mensagens sejam transmitidas de maneira adequada e igualmente compreendidas, segundo a intenção de quem as emitiu.

Os líderes assertivos são positivos, dinâmicos, firmes em suas posições, seguros e otimistas. Sabem confiar e respeitar os outros e sempre buscam resultados. Precisam se precaver e serem críticos de si próprios para não se tornarem arrogantes, pretenderem manipular pessoas ou criar uma percepção distorcida dos seus interlocutores. Pelas suas qualidades, esses líderes são bem aceitos por seus comandados porque os respeitam e os consideram como importantes parceiros. Além disso, expressam-se bem, usam vocabulário adequado, são objetivos em suas afirmações e sabem ouvir seus interlocutores. Por todas essas características, comunicam-se bem e estabelecem harmonização entre as partes, o que os levam a conseguir resultados positivos e duradouros. Veja a seguir doze passos para tornar seu discurso eficaz.

Como proceder para ser assertivo na comunicação

1. Tenha em mente objetivos claros e bem definidos;
2. Saiba as mensagens que vai transmitir e defina as prioritárias;
3. Estude as características e expectativas dos públicos aos quais se dirige;
4. Seja objetivo no seu pronunciamento, sem hesitação;
5. Use vocabulário adequado ao tema e ao público;
6. Fale com clareza, voz firme e boa dicção;
7. Mantenha-se calmo para que sua mensagem seja bem recebida e assimilada;
8. Respeite sua audiência e evite tentativa de manipulá-la;
9. Seja bom ouvinte;
10. Evite atitude arrogante e agressiva;
11. Evite ambiguidade;
12. Demonstre otimismo, simpatia e confiança nos seus ouvintes.

Referências:
FRANÇA, Fábio; LEITE, Gutemberg. A comunicação como estratégia de recursos humanos. Rio de Janeiro: Qualitymark, 2011.
MARTINS, Vera. Seja assertivo: como ser direto, objetivo e fazer o que tem de ser feito: como construir relacionamentos saudáveis usando a assertividade. Rio de Janeiro: Elsevier, 2005.
O'BRIEN, Paddy. Como ser assertivo como gerente. Rio de Janeiro: Infobook, 1998.

Gutemberg Leite

Mestre em Ciências da Comunicação, pós-graduado em Comunicação Empresarial pela Faculdade Cásper Líbero e em Administração com ênfase em Recursos Humanos pela FECAP – Fundação Escola de Comércio Álvares Penteado. Tem especialização em "Novas Tecnologias da Comunicação" pela Universidade da Flórida, Estados Unidos. Graduado em Administração de Empresas. Iniciou a carreira em Recursos Humanos em 1972. Trabalhou em empresas nacionais e multinacionais em Recrutamento, Seleção, Treinamento e Desenvolvimento de Pessoas. Em 1983, fundou a Meta Seleção de Pessoal, empresa de assessoria em Recursos Humanos que presta serviços de seleção de pessoal efetivo, temporário, administrado CLT e terceirizado. Também é sócio da Meta Executivos, empresa de seleção de executivos e especialistas. Coautor do livro Comunicação e Mercado, do Mestrado em Ciências da Comunicação da Faculdade Cásper Líbero, Ser + Inovador em RH e Ser + em Gestão de Pessoas, da Editora Ser Mais e, com Fábio França, A Comunicação como estratégia de Recursos Humanos, Editora Qualitymark em sua segunda edição.

Contatos:
gutemberg@metarh.com.br
www.metarh.com.br
(11) 5187-3400

Anotações

10

Comunicação: o mais difícil contato imediato de alto grau

A comunicação é um processo pelo qual atribuímos e transmitimos significado à necessidade de entendimento compartilhado. Nas organizações existem várias direções e essas percorrem toda a sua estrutura: pessoal, impessoal descendente, ascendente, lateral, diagonal, de maneira oral, escrita ou por meio eletrônico. Portanto, a comunicação não pode ser dissociada da sua relação custo versus eficácia

Inês Restier

Ser + em Comunicação

Inês Restier

Quanta coisa já se escreveu e se leu sobre Comunicação! Inúmeras técnicas, fórmulas, padrões foram apresentados e levados ao público como o melhor meio de nos fazermos entender! Mas não está dando certo... Continuamos atritando, conflitando, magoando e sendo magoados, gerando resultados não esperados, criando expectativas que não estamos conseguindo preencher. O que não está dando certo e por quê?

Vejamos o processo de comunicação compreende três elementos :

1. O Emissor - origem da mensagem, da ideia. Observa-se a importância do mecanismo que se utiliza para a transmissão dessa mensagem.

2. A Mensagem - é a ideia que o emissor deseja transmitir. Junto a este elemento, observamos o canal escolhido e o nível de ruído que a transmissão está sujeita.

3. O Receptor - quem recebe a mensagem. A atenção com sua decodificação estabelece a compreensão ou não da transmissão, e pode ser verificada por meio da existência de *feedback*.

A comunicação é um processo pelo qual atribuímos e transmitimos significado à necessidade de entendimento compartilhado. Nas organizações existem várias direções e essas percorrem toda a sua estrutura: pessoal, impessoal descendente, ascendente, lateral, diagonal, de maneira oral, escrita ou por meio eletrônico. Portanto, a comunicação não pode ser dissociada da sua relação custo *versus* eficácia.

Vivemos formas diferentes de comunicação, que expressam múltiplas situações agrupais e sociais, de conhecer, sentir e viver, que são dinâmicas, que evoluem, modificando-nos e modificando os outros.

Um dos grandes problemas atuais é a comunicação aparente, em que as pessoas falam e respondem, sem prestar verdadeira atenção ao outro e ao que ele está dizendo, suas implicações, sua autonomia e devidas autorizações na veiculação de certas informações. Situação preocupantemente agravada pela utilização cada vez mais forte dos meios eletrônicos e da linguagem utilizada pelas "tribos" e suas redes sociais.

A avaliação sistemática pelas organizações de como e de que maneira suas informações são veiculadas, quão confortáveis ou não seus clientes e fornecedores estão em relação ao acompanhamento da prestação de serviços ou do controle de qualidade de seus produtos é um importante indicador para programas internos de melhorias contínuas, tanto de processos quanto de pessoas.

Ser + em Comunicação

Então, a pergunta inicial permanece: como juntar e misturar tudo isso e tornar nossa comunicação adequada?

É óbvio que o tipo de relacionamento entre os envolvidos determinará o sucesso ou o fracasso dessa comunicação. Nossos sentimentos, ressentimentos, inveja, poder, falta de compromisso, dispersão, alienação, preguiça, serão determinantes nesse resultado, então, será que devemos nos comunicar somente com quem nos damos bem? Impossível! Mas será um sacrifício danado tentarmos entender e nos fazermos entender com quem não estamos nos dando bem, certo? Mas esse é justamente nosso maior desafio!

É fácil dizer que o que nos incomoda não é o que se fala e sim como se fala! Será que já atentamos que o problema pode ser justamente o contrário? O que se fala é justamente o maior *feedback* que podemos ter?

Respeito e privacidade seria um bom começo!

Então, talvez, uma forma adequada de administrarmos essa nossa comunicação seja entendermos o porquê da reação não desejada e de palavras mais ásperas. Compreender porque todos nós, em determinadas situações, somos mais agressivos.

Estamos vivendo tempos difíceis, tempo de muitas transformações e adaptações, portanto, todos nós em diversos momentos, mais do que gostaríamos, nos sentimos incomodados e até revoltados com situações que não criamos e pela responsabilização de comunicação autoritária ou agressiva decorrente.

Não justifico e não concordo com desvios de comportamento que gerem, sempre, comunicação truculenta. Isso é caso psiquiátrico! Não é a situação que estamos discorrendo.

A busca da pausa para respirar, da boa vontade de comprender e perdoar, de olhar para dentro de si mesmo e verificar com o maior critério o quanto de culpa possuímos pela má comunicação ocorrida ou pela reação recebida pode ser um bom começo, um bom caminho. Novamente não é fácil, pois sempre achamos que a culpa é do outro, que o outro é que precisa fazer esse exercício!

Enfim, talvez a resposta correta para saber o porquê não está dando certo seja: vamos fechar mais a boca!

Inês Restier

Consultora em Treinamento e Desenvolvimento Empresarial; Matemática e Administradora de Empresas; Registro no CRA-SP no. 116061; Diretora da MICR – Consultoria e Treinamento Empresarial Ltda; MBA em Políticas Estratégicas Empresariais; Conferencista do:
• CENADEM – Centro Nacional de Desenvolvimento do Gerenciamento da Informação; IBGI - Instituto Brasileiro do Gerenciamento da Informação; ABTD no Congresso Anual de Treinamento e Desenvolvimento; QSP – Centro de Qualidade, Segurança e Produtividade, como Consultora e Instrutora Credenciada.
Vice-Presidente de Responsabilidade Social e Sustentabilidade da AAP-SA – Associação Paulista de Gestores de Pessoas; Coordenadora do Grupo Informal de Treinamento e Desenvolvimento (TeD); Membro do Comitê RH de Apoio Legislativo da ABRH-SP – Associação Brasileira de Recursos Humanos, Seccional São Paulo; Conselheira da ABRH-SP.

Contatos:
www.micr.com.br
inesrestier@uol.com.br / ines@micr.com.br
(11) 5536-0876 ou 5535-0804 (fax)

Anotações

11

Feedback:
A Comunicação a Serviço do Desenvolvimento Humano

Somos aprendizes em comunicação. O processo em si parece simples, quando descrevemos que um emissor leva uma mensagem através de um canal a um receptor, gerando um *feedback*, que realimenta o processo. A questão é que os ruídos que interferem no entendimento da mensagem podem ser inúmeros, e de tantas formas quanto a diversidade de seres humanos no planeta

Lisiane Szeckir

Ser + em Comunicação

Lisiane Szeckir

Por mais que a cada instante surjam novas formas de comunicação, parece que cada vez fica mais clara nossa incompetência ao comunicar. Prova disso são os inúmeros mal-entendidos registrados diariamente através do uso de linguagens verbais e não-verbais. A declaração de Peter Russel, que diz que 90% dos problemas das empresas vêm de falhas de comunicação, nunca esteve tão atual.

Se comunicar, por si só já é uma dificuldade, quando o assunto é *feedback*, torna-se ainda mais complicado. Apesar de ser vista no meio organizacional como uma boa ferramenta de desenvolvimento pessoal e profissional, a maioria das pessoas tem muita dificuldade em utilizá-la.

Aqui reside o primeiro equívoco: todos nós, sem exceção, realizamos *feedbacks* o tempo todo. *Feedback* nada mais é que a sinalização de uma percepção que já existe e será comunicada, de forma verbal ou não. Ao fugir de fazê-lo verbalmente, inúmeras outras formas não-verbais comunicam o que deveria ser dito, gerando muitas vezes mais desconforto do que um possível conflito de ideias.

Então, o que fazer? Como utilizar o *feedback* de forma positiva, principalmente nas organizações e até mesmo na vida pessoal? Se você leu até aqui, fica meu convite para acompanhar esta linha de raciocínio e quem sabe, permitir-se refletir a respeito.

Comunicar não é tão simples

Em primeiro lugar, precisamos perceber que ainda somos aprendizes em comunicação. O processo em si parece simples, quando descrevemos que um emissor leva uma mensagem através de um canal a um receptor, gerando um *feedback*, que realimenta o processo. A questão é que os ruídos que interferem no entendimento da mensagem podem ser inúmeros,e de tantas formas quanto a diversidade de seres humanos no planeta. Isso faz com que não possam existir fórmulas que nos permitam sentir ao menos um pouco de segurança no que tange à resposta aos nossos estímulos de comunicação.

Fugir, porém, não é uma alternativa válida. Comunicamo-nos o tempo todo, de maneiras que muitas vezes nem percebemos. Olhares, gestos, tons de voz, expressões representam 93% do que é comunicado, contra apenas 7% da linguagem verbal. Nosso modo de ser comunica!

Dito isto, talvez tenha "caído a ficha", para usar uma famosa expressão que talvez nem faça parte da sua geração, uma vez que telefones públicos nem usam mais fichas para ligações...Aliás, esta é outra maravilha da comunicação, a criação dejargões que nos permitam livres interpretações de situações cotidianas...enfim, talvez tenha "caído a ficha" ou seja, você talvez já tenha percebido com muita clareza que se utilizar o *feedback* conscientemente pode ter mais ação sobre ele.

As razões de tanto receio

Uma das maiores razões de tanto receio ao emitir um *feedback* é que, ao fazê-lo, de alguma forma você abre o canal para o que o outro também tem a dizer. Como não sabemos se a reação será positiva ou negativa, o peso da dúvida nos faz muitas vezes vacilar, mesmo quando temos muito a dizer.

Na verdade, todos nós quando empenhados em fazer nosso melhor em nossas relações pessoais ou profissionais, teremos dificuldades de saber que o "nosso melhor" talvez não seja o "melhor esperado". Às vezes, até mesmo um elogio frustra quem esperava mais do que isso.

Este receio fica mais claro no meio corporativo, quando cargos e posições de comando estão em jogo, e uma condução mal feita pode ter consequências desastrosas. Na gestão, avaliar os membros da equipe parece ser tão ou mais importante quanto prepará-los para o dia-a-dia das tarefas para as quais foram contratados. Mesmo sabendo desta necessidade, diversas organizações ainda enfrentam com dificuldade o processo de avaliação e reconhecimento pelas razões supracitadas. Não podemos, porém, privar um profissional de ter a noção exata do seu desempenho, já que esta pode ser uma das melhores maneiras de avaliar com mais isenção os parâmetros e resultados observados.

Um *feedback* focado em questões profissionais, visa e colabora para o desenvolvimento não só do profissional, mas também de seu líder. Sendo parte da comunicação, a informação resultante do processo de avaliação impacta tanto no receptor quanto no emissor, fazendo com que ambos desenvolvam habilidades técnicas e comportamentais com a prática e o aprendizado.

Quando profissionais são avaliados, permite-se que conheçam o caminho a ser seguido com mais segurança. Além disso, torna-se mais fácil o alinhamento de objetivos e metas da organização e o resultado deste retorno cria um foco mais profissional. A prática do *feedback* pode vir carregada de forte impacto emocional, uma vez que algumas pessoas ainda não conseguem fazer a dissociação entre o que produziram (foco profissional) e o que são (foco pessoal). Assim, quanto mais o líder estiver preparado e focado no desempenho profissional de seus colaboradores, mais estará contribuindo para o seu desenvolvimento e amenizando a influência das questões pessoais no processo.

Para quebrar paradigmas

Se você pensa em utilizar o *feedback* de forma mais frequente em seu dia-a-dia, lembre que autoconhecimento fará toda a diferença. Quando temos uma noção clara de quem somos, com nossos pontos fortes e pontos a serem desenvolvidos, percebemos como é importante receber *feedbacks* para alinhar estas percepções. Além disso, exercitamos a empatia, tão importante para realizar bons *fee-*

Lisiane Szeckir

dbacks aos outros.É possível começar aos poucos, quebrando alguns paradigmas sobre o assunto e agindo em um conceito 360 graus, onde todos podem e devem sinalizar suas percepções. Aos poucos, a transparência gerada com uma comunicação mais aberta resultará em equipes mais maduras e focadas em aspectos profissionais.

Costumo utilizar duas imagens como metáforas para mostrar a importância do *feedback* como ferramenta. A primeiraimagem é um trem sobre os trilhos.Se removermos os trilhos do lado esquerdo da estrada, o trem penderá e não poderá andar. Da mesma forma, se removermos os trilhos do lado direito, ele também não poderá andar da forma esperada.

Observemos agora as pessoas. Ao receber apenas elogios, talvez possamos criar uma imagem distorcida da realidade, que pode nos desmotivar ou acomodar a médio prazo, uma vez que tudo o que fazemos parece agradar. Da mesma maneira, ao receberapenascríticas, talvez não tenhamos todos os subsídios para melhorar. Elas podem desmotivar a curto e médio prazo, pois quando nenhuma melhora recebe reconhecimento, isso pode gerar descontentamento, já que tudo o que fazemos pode parecer insuficiente.

Nosso desafio é, como sempre, a busca pelo equilíbrio, para que no momento certo saibamos reconhecer acertos e orientar possíveis pontos de desenvolvimento.

Outra imagem que costumo utilizar é a do vaso de flores. Se observarmos nossas flores ou plantas em nossas casas, veremos que cada uma recebe uma quantidade "x" de água, e percebemos com facilidade que se colocarmos as mesmas quantidades para todas, algumas secarão e outras morrerão afogadas.

Assim também podemos observar que nossos colaboradores precisam de quantidades diferentes de água (*feedback*) periodicamente. Há os que com uma pequena quantidade produzem bem o mês inteiro e há os que precisem de um reparo toda a semana. Pessoas são diferentes, e as maneiras de "alimentá-las" com *feedback* também.

Uma boa maneira de fazer com que o *feedback* não seja um bicho de 7 cabeças é utilizá-lo diariamente, oferecendo retorno imediato sobre o que for possível nas tarefas do dia-a-dia.

Outras ideia viável para começar a estimular a cultura de *feedback* no grupo é realizar rodas de discussão sobre assuntos simples,como a organização de um evento da equipe, para depois evoluir para assuntos mais complexos,como o que o líder pode melhorar em sua atuação.

É importante entender que cada grupo tem seu ritmo e depende muito de como o líder gerencia cada um de seus colaboradores. Ele é quem dará o tom e o ritmo da sua equipe.

Na prática, *feedback* DEVE estar "casado" com o DESENVOLVIMENTO
Um bom *feedback* sempre gera ações de desenvolvimento. Uma

Ser + em Comunicação

percepção sinalizada sem um plano de ação pode perder-se e não gerar o resultado desejado. Para trabalhar esta ferramenta na prática, observe estes pontos importantes, elaborados a partir das próprias iniciais da palavra FEEDBACK:

• **Feedback precisa de FOCO:** Saiba exatamente o que dizer quando fizer um *feedback*. Refira-se aos atos e não à pessoa, considerando os comportamentos de ordem profissional e não os de ordem pessoal.

• **Feedback precisa de EMBASAMENTO:** Conheça quem vai receber o *feedback*, acompanhe os processos que serão apontados e avaliados, para oferecer credibilidade e isenção no momento da avaliação.

• **Feedback precisa de EMPATIA:** Coloque-se no lugar do outro, antecipando situações constrangedoras e procurando evitar conflitos. Fale da maneira que acredita que o outro entenderá melhor

• **Feedback precisa de DESENVOLVIMENTO:** Crie em conjunto um plano de ação para desenvolver pontos frágeis e evidenciar pontos fortes, caso contrário, o *feedback* não terá razão de ser.

• **Feedback precisa de BOA VONTADE:** Perceba o ritmo de desenvolvimento, cada um tem o seu. Não espere o que não é possível, motive e inspire ações que evidenciem qualquer progresso, sempre que necessário.

• **Feedback precisa de ACOMPANHAMENTO:** O monitoramento pós-*feedback* é um dos momentos mais importantes, pois mostra que você continua atento a todos os pontos que foram sinalizados para posterior avaliação.

• **Feedback precisa de CIRCUNSTÂNCIA:** Tudo tem o momento certo para falar, observe se hoje é o dia para tratar de assuntos que envolvem o *feedback*, e se necessário faça uma alteração de data ou horário. Lembre-se de fornecer atenção total ao processo, mantendo-se conectado àquele momento.

• **Feedback precisa de "K" Coerência:** Nenhuma equipe aceita um líder que não seja exemplo do próprio discurso. Então, cuidado ao solicitar pontualidade se você não é pontual, atenciosidade, se você não é atencioso, e assim por diante. Procure usar de assertividade para apontar itens de desenvolvimento de forma a motivar para a mudança e não o contrário.

Feedback merece atenção

Um ambiente receptivo a uma boa comunicação depende das pessoas que nele interagem. Implementar a cultura de *feedback* em uma organização é tão difícil quanto exercitá-la em termos pessoais, porque ambos envolvem pessoas. Não existem fórmulas prontas, o resultado é incerto, mas a necessidade existe e precisa ser contemplada: o ser humano vive e interage comunicando-se e por consequência gerando *feedbacks* o tempo todo. Utilizar a comunicação para viver e relacionar-se melhor faz todo o sentido. Atenção, empatia e real interesse em desenvolver a si e ao outro permitem que qualquer investimento nesta prática valha a pena.

Lisiane Szeckir

Lisiane Szeckir Batista da Silva é publicitária com Especialização em Comunicação pela ESPM/POA. Analista Comportamental e *Master Coach* formada pelo Instituto Brasileiro de *Coaching*, com reconhecimento internacional pelo ICI (International Association of *Coaching* Institutes), ECA (European *Coaching* Association) e GCC (Global *Coaching* Community). Docente na Escola de Governo do Estado do RS, na ADVB-RS e na Univates – Lajeado. Diretora da Líbera Treinamento e Capacitação, atua há 14 anos na área de desenvolvimento humano, através de programas nas áreas de atendimento, comunicação, equipes, formação de líderes e *coaching*.

Contatos:
www.libera.com.br
lisiane@libera.com.br / lisianeszeckir@terra.com.br

Anotações

12

A arte de se Comunicar

A importância da oratória para um profissional em busca de cargos de liderança

Luiz Cláudio Riantash

Ser + em Comunicação

Falar em público é uma arte. Quem se comunica com segurança e eficácia possui um grande poder. Trata-se de um dos cartões de apresentação mais importantes de uma pessoa. Se alguém quer ter prestígio e se destacar, é indispensável falar bem.

Quando conseguimos comunicar uma mensagem com excelência, conseguimos o respeito e a admiração dos demais. O fruto disso é a confiança. A confiança de que estamos preparados para representar as ideias de uma equipe, comunidade ou associação.

Quando você tem essa atitude, você é visto como um líder. Quando a oportunidade de um cargo superior surgir, de quem as pessoas irão se lembrar? Na maioria das vezes, dos melhores comunicadores.

A oratória é uma arte milenar. Uma arte que exige comprometimento e disciplina. Grandes oradores não tinham, a princípio, aparente talento para a atividade. Entretanto, através da determinação, do preparo e da decisão de falar bem, se destacaram nos principais palcos do mundo.

Como em toda atividade, o talento natural facilita o desempenho, mas a competência da comunicação pode ser amplamente desenvolvida. Tudo nasce da decisão de querer se expressar e ser um grande orador. Antes de realizar alguma apresentação em público, pergunte-se:

- O que eu quero entregar através da minha oratória?
- Qual é o meu propósito?
- Como eu posso ser útil às pessoas através do recado que vou passar?

A importância dessas perguntas é porque elas irão definir o seu objetivo e o seu foco antes de qualquer apresentação. Definir um propósito antes da ação faz a pessoa direcionar sua energia em direção ao seu alvo, e isso dá força.

Utilize o "aja como se"...

Qual atitude você quer demonstrar para a plateia? Carisma, segurança, entusiasmo, tranquilidade? Você nasceu com tudo isso. Portanto, foque nisso e aja como se você fosse a pessoa mais carismática, segura, entusiasmada e tranquila do recinto. Se você focar nisso, essas características irão surgir naturalmente durante a sua fala. O problema é que muitas pessoas tendem a focar muito mais no que não querem, como o medo, o nervosismo ou o branco.

Temos dois lobos interiores: o Lobo do medo e o Lobo da coragem. Qual deles vencerá? O que nós alimentarmos mais.

A oratória na vida profissional

Quanto mais uma pessoa cresce profissionalmente, mais vai precisar do bom uso da oratória. Um engenheiro, por exemplo: se ele desenvolve bem sua carreira e chega num cargo de gerência ou direção, o que menos

Ser + em Comunicação

vai utilizar é cálculos e engenharia. Ele vai depender muito da comunicação. No momento de fazer apresentação dos projetos, de discutir as ideias, sua fala precisa ser bem desenvolvida. É muito importante ter uma boa comunicação nessas situações, afinal, essa pessoa é uma referência para os demais.

Há muitos anos que o conhecimento técnico já não é mais o diferencial, e sim como o profissional consegue expressar o seu saber. Infelizmente, no mundo que vivemos, as melhores oportunidades são perdidas por deficiência na oratória. Uma pessoa não consegue avançar num processo seletivo se não se comunica bem em uma entrevista de emprego ou se passa insegurança em dinâmicas de grupo.

"Metade da vitória no mundo consiste em saber comunicar-se adequadamente, de acordo com o que pensa, sente, faz e deseja." Pedro Bloch

Ter a capacidade de influenciar as pessoas é, atualmente, uma das peças principais para o sucesso pessoal e profissional. E isso só é possível com a prática e o aprimoramento da comunicação interpessoal.

As 8 qualidades de um bom orador:

1 – Autoconfiança

O maior medo do ser humano é o de falar em público. Até mesmo os atores mais experientes sentem um friozinho na barriga antes de entrar no palco. A diferença é a atitude de cada um em relação ao medo. Segundo Suryavan Solar: "Se você sentir medo, sorria e dê um passo adiante".

Conforme Suryavan disse, a única coisa que cura o medo é a ação. Por isso, antes de falar em público, é fundamental uma preparação mental adequada, para que o momento da fala seja o mais natural possível. E como falar em público costuma causar temor, o amor pelo seu discurso precisa ser maior do que o seu medo. Visualize-se falando com segurança, conseguindo expor suas ideias com eficácia, com tranquilidade e emoção. A autoconfiança vai aparecer.

2 – Entusiasmo

O mundo está cada vez mais preenchido com estímulos visuais, movimentos, *Facebook*, *iPad*, *smartphones*. Isso faz com que as pessoas tenham mais dificuldade em se concentrar em um único ponto. Um orador que não se empolga com o que fala é receita certa para a falta de atenção do seu público. É necessário colocar o coração naquilo que se fala, ou seja, comunicar com emoção. Os olhos precisam brilhar de entusiasmo para envolver as pessoas de verdade. Comunicação é essencialmente emoção.

3 – Carisma

O carisma explica, em boa parte, o fato de apresentadores como Faustão, Jô Soares e Silvio Santos estarem há décadas no ar. Ser carismático é influenciar pessoas e ambientes onde estão de uma forma natural e agradável. É ter magnetismo pessoal, é fazer brilhar o que estava apagado, é fazer o ordinário se transformar em extraordinário. Ao contrário do que muitos pensam, o carisma pode ser desenvolvido.

O Presidente americano, Barack Obama, é um dos maiores oradores do mundo. Certa vez foi dar um discurso no Rio de Janeiro e, nos seus primeiros minutos, comunicou algumas frases em português como: "Oi Rio de Janeiro", "boa tarde a todo o povo brasileiro" e "olá cidade maravilhosa". Tudo isso com sorriso e simpatia. Isso é ser carismático.

4 – Expressividade

Muito mais importante do que "o que se fala" é o "como se fala". Segundo Albert Mehrabian, que estudou durante 10 anos a comunicação não verbal, 55% do impacto da fala está na expressão corporal, 38% no tom da voz e apenas 7% nas palavras propriamente ditas. Um grande orador usa seus gestos de maneira enfática e congruente para dar vida às suas ideias. Sabe impostar e modular a voz para "temperar" seu discurso. A modulação bem feita envolve muito mais os ouvintes.

5 – Imagem Pessoal

Os oradores de sucesso possuem uma ótima apresentação pessoal porque ela é essencial para causar uma boa primeira impressão. Esteja sempre igual ou melhor do que sua plateia no que tange a sua apresentação. Se você é homem e vai se apresentar para pessoas em traje social, esteja de terno. Se é mulher, saiba combinar a roupa e as cores de acordo com a ocasião. São nos 3 primeiros minutos que uma pessoa define de 60 a 80% da percepção sobre você. A imagem pessoal é um dos fatores mais influentes nesse aspecto.

6 – Objetividade

Um dos recursos mais escassos atualmente no mundo corporativo é o tempo e a concentração. Antigamente, o público era menos sensível a longas palestras. Esse quadro está mudando. Estima-se que num futuro breve, as palestras motivacionais, muito utilizadas em convenções e eventos corporativos, que hoje tem uma duração média de 1h15 a 1h30, passe para uma média de 45 minutos.

Quem fala pouco pode comunicar muito, dependendo do foco que consegue colocar em suas ideias. Os oradores prolixos estão fora de moda. Estamos na era da comunicação de impacto e do Twitter, que possui apenas 140 caracteres. Quanto mais você sabe, menos precisa dizer.

7 – Senso de Humor

Seja um orador leve e fluido. Uma das coisas que o público mais se interessa e grava na memória são os casos engraçados. Procure falar de algo relacionado ao seu tema. Use fatos e pessoas do próprio ambiente. No entanto, seja breve. História boa é história nova. O ideal é treinar antes. Piadas são bem vindas, desde que não sejam em exagero, agressivas e envolvam conteúdos que possam gerar constrangimento. Faça a plateia sorrir de maneira espontânea.

8 – Espírito de Serviço

É a capacidade de usar a comunicação para ajudar as pessoas, sem intuito principal de autopromoção. Um orador autêntico sabe que quem não vive para servir, não serve para viver. Compartilhe sua mensagem com o propósito de agregar valor à vida das pessoas. Quanto mais se entrega, mais se recebe.

O poder da comunicação

Seja um líder e agarre-se a todas as oportunidades de usar a oratória. Falar em público permite enfrentar medos e adquirir segurança e confiança pessoal. Uma pessoa sempre volta mais corajosa após se expressar para outras pessoas.

O grande comunicador está sempre se avaliando e se adaptando ao ambiente. Identifique qual é o melhor estilo para compartilhar a sua mensagem e apoiar as pessoas.

Procure um mentor que o apoie, que lhe empodere ao falar em público. Peça *feedbacks*. Se estiver começando nesse caminho, busque comentários positivos sobre sua fala. Com o tempo, assim que a confiança for aumentando, peça que apontem os pontos a melhorar. Um bom curso de oratória é indispensável. Busque a reciclagem também. Se você já fez um curso de oratória há mais de 3 anos, repita ou procure outro, verifique o que ainda pode ser melhorado.

Comunicar é uma das maiores prioridades da vida e deve receber investimentos constantes.

Tudo é possível com o poder da comunicação. Se você apenas se comunicar, estará passando o seu recado. Mas, se o fizer habilmente, poderá operar milagres.

Luiz Cláudio Riantash

Professor de Oratória desde 2007, já treinou mais de 2.000 pessoas em Oratória e Desinibição. Diretor da Humanni Assessoria e Treinamento Pessoal. Atuou como Professor de Graduação e Pós-Graduação da Fundação Getúlio Vargas. Formado em Administração pela Universidade FUMEC, MBA em Gestão de Pessoas pela Fundação Getúlio Vargas, *Master Coach* formado pelo *Coaching Express* CB, Membro da Equipe Internacional de Instrutores de *Coaching Express* Condor Blanco. Instrutor do Seminário Internacional Lider *Coaching*, especialista em *Coaching* de Oratória e *Coaching* de Equipes. Palestrante nas áreas de Comunicação, Oratória e *Líder Coach*. Treinou em seus cursos e seminários funcionários de empresas como Vale, Petrobras, Gerdau, Teksid, Cemig, Unimed, Fiat, Banco Itaú, Novartis, Embratel, MRV, dentre outras.

Contatos:
www.humanni.com.br
www.riantash.com.br
www.lidercoaching.blog.br
riantash@humanni.com
(31) 3286-3220
(31) 9291-0302

Anotações

13

Falar em Público - 4 dicas para ganhar a plateia

Quanto mais aulas, palestras ou treinamentos eu faço, mais me convenço do quanto as pessoas "sofrem" ao falar em público. De fato, estar à frente não é fácil, inúmeras pesquisas já mostraram que falar perante um grupo de pessoas está entre os maiores medos da população. Em alguns lugares, inacreditavelmente, muitos responderam preferir a morte a falar para uma plateia

Luiz Gustavo Guimarães

Luiz Gustavo Guimarães

Calma, não se espante, meu intuito não é preocupá-lo, apenas deixar claro que você não está sozinho e que juntos podemos ter melhores resultados. Eu venho com algumas dicas baseadas na minha experiência e você contribui, colocando em prática, que tal?

Então vamos lá! Primeiro preciso deixar claro uma coisa, vou partir do princípio que você já sabe o óbvio, ou seja, que já conduz reuniões, faz palestras, trabalha com vendas, dá aulas, treinamentos, mas ainda se sente inseguro e sempre sai com aquela dúvida, se agradou ou não... Você que precisa falar com várias pessoas de uma vez e mesmo com esta insegurança ou nervosismo consegue "dar o seu recado", respeitando algumas regras cruciais como:

Ter domínio do assunto – Não vá falar de algo que não entende, as pessoas percebem quando um texto é decorado.

Planejamento – Você já deve saber que sua comunicação tem de ter início, meio e fim. Mesmo conhecendo o tema, você deve estipular a melhor ordem para que as informações sejam passadas.

Respeitar o tempo – Não importa se o combinado é uma breve reunião de 15 minutos ou um treinamento de 3 horas, o importante é você, como orador, respeitar o seu tempo e de seus ouvintes.

Estas são algumas observações que compõem o básico, aquilo que se espera de alguém que está com o "poder da palavra". Esteja certo que estas "regrinhas" já fazem parte do seu cotidiano para continuar a leitura, caso contrário, pare por aqui mesmo e vá fazer a "sua lição de casa", pois a partir de agora, as dicas só farão sentido para aqueles que buscam o aperfeiçoamento para encantar a plateia, profissionais que acreditam que vale a pena se preocupar mais com o público para uma comunicação sólida e eficaz. E estas 4 dicas são:

1- Chame as pessoas pelo nome – O resultado é imediato. O nível de atenção aumenta quando você fala o nome do outro. Me lembro de quando ministrei aulas de técnicas de vendas para aprendizes de um grande e conceituado banco. Lá trabalhei por dois anos, porém com cada turma eu só tinha 7 encontros e, por este motivo, precisava chamar a atenção logo "de cara", sendo assim, dias antes do curso começar, eu pegava a lista de chamada na coordenação e memorizava os nomes, já no primeiro dia de aula eu chamava os 30 ou 40 alunos, sem a lista, o que gerava um espantoso e benéfico resultado, pois nenhum outro professor havia feito isso, desta forma na metade do treinamento eu já sabia "quem era quem" e por esta demonstração de respeito com eles, recebia de volta uma atenção ímpar e *feedbacks* super positivos.

Ser + em Comunicação

De repente, você não precisa agir exatamente desta forma, se for uma palestra e alguém questionar algo ou contribuir com algum exemplo, pergunte o nome e agradeça a participação, se estiver conduzindo uma reunião de equipe e mencionar uma boa ideia que não é sua, mencione o nome desta pessoa, dando-lhe os créditos pela solução e por aí vai. Estou certo que se preocupando mais com os nomes, terá o público cada vez mais perto.

2 - Ganhe o líder – Todo grupo tem pelo menos um líder. Descubra quem é e traga-o para o "seu time". Já vi diversas vezes na escola e na faculdade o professor chegar, começar sua aula e um tempo depois se indispor com alguém da sala, normalmente por causa de uma conversa paralela ou algo do gênero e, na maioria das vezes, se dirigia para a pessoa com a seguinte frase: _ "Você aí, do fundão, me diz do que está rindo que eu quero rir também...".

Pronto, gerou um clima super desagradável e desnecessário, pois muitas vezes esse "aluno do fundão" já "ganhou a turma", isto é, já tem um poder de liderança no grupo e o fato do professor "bater de frente" com ele, por "tabela", já afastava também os demais. Na maioria dos casos, a situação é simples e pode ser resolvida depois da aula com uma simples conversa, assim, você não corre o risco de julgar por uma situação isolada. Se atente com isso, pois o mesmo acontece quando este líder "vai com a sua cara", "por tabela" os liderados também irão e os próximos encontros serão cada vez mais produtivos.

3 - Para cada público, um jeito diferente – Não adianta, não seja teimoso, a forma que se fala com um grupo não atingirá o mesmo resultado para outro. Analise previamente quem serão os seus ouvintes e se adapte. Por exemplo, o vocabulário utilizado em uma reunião com gerentes e empresários não precisa ser igual se o mesmo tema for abordado na faculdade, o ambiente é outro, o clima é outro.

Por mais que eu goste de uma apresentação dinâmica, sei que num treinamento *In Company* devo dar preferência a uma oratória mais formal e fazer uso de poucos *slides* em apresentações em Power Point. Por outro lado, se sou chamado para uma palestra em faculdade, já posso utilizar outros recursos como mágica ou malabares para exemplificar certa situação, dosando uma fala mais descontraída, porém, sem perder a seriedade do assunto. Quanto mais jovens na plateia, menos paciência terão contigo, sendo assim, é importante que tenha mais dinamismo na apresentação.

Pense na forma como você conversa com os outros, será que você fala sempre do mesmo jeito, com todo mundo? Claro que não. Com amigos você fala de um jeito com colegas de outro, com os mais velhos, crianças, vizinhos, enfim, perceba como você se adapta a cada perfil e utilize isso a seu favor em suas próximas apresentações.

4 - Tenha sempre o "Plano B" – Ou seja, tenha sempre "uma carta na manga". Por mais que você pense estar preparado, algo pode te surpreender no dia e em questão de minutos você precisa mudar a estratégia. Sempre tenha na mente o assunto bem detalhado e tranquilo, outros exemplos a compartilhar, dinâmicas, metáforas, entre outros artifícios. Já vi muita gente que se diz "profissional" na "arte do falar em público" cancelando a palestra porque o computador ou *data-show* deu problema, porque tinha pouca gente na plateia ou o local não era apropriado a seu ver.

Poxa, são inúmeras desculpas que podem surgir quando não estamos realmente preparados, mas uma coisa é você ter passado por isso e ter aprendido a lição, outra coisa é você continuar no erro...

Um dos casos que mais chamou minha atenção foi em um evento no Paraná, onde fui convidado a participar falando de marketing pessoal e profissional, enquanto outros palestrantes naquela semana contribuíam, obviamente, com outros temas. No dia da minha apresentação, ao chegar mais cedo para conhecer o espaço, percebo que aquele que falaria antes de mim, sobre motivação, isso mesmo, motivação, estava desesperado e tratando aos berros a equipe de produção, simplesmente porque o computador não estava lendo o seu *pendrive* e, desta forma, ele não seria capaz de "motivar" as pessoas sem os seu 53 *slides* em Power Point.

Agora pensa comigo, será que podemos chamar de profissional uma pessoa com estas atitudes? Total falta de ética e respeito com aqueles que contribuem com o seu trabalho, despreparo emocional, super dependência do equipamento, oras, se você sabe o assunto vai no "gogó" mesmo, não precisa ficar "bravinho" por tal imprevisto e não se esqueça: é você quem comanda o Power Point, e não o Power Point que comanda você, se é só pra ler o que está na tela, melhor imprimir a apresentação e entregar como apostila aos participantes.

Em outras palavras, quero deixar claro que estas dicas comparti-

Ser + em Comunicação

lhadas, já me ajudaram muito e constantemente as tenho comigo em cada planejamento de aula, palestra ou treinamento, independente se já conheço o grupo ou se terei de falar para uma nova plateia.

    Saiba que ficarei aqui na torcida para que esta reflexão possa lhe oferecer melhores resultados ao comunicar-se em público. Agora eu que vou para a minha "lição de casa", afinal de contas, tem muito mais dicas por aí que preciso aprender e aprimorar em minha oratória. Muito obrigado pela atenção, grande abraço e sucesso!

Luiz Gustavo Guimarães

Graduado em administração de empresas, professor universitário, *practitioner* em programação neurolinguística e humorista *stand up*. Atua há sete anos com treinamento e desenvolvimento humano, hoje com foco em Liderança e Marketing Pessoal e Profissional.

Ministrou cursos de Oratória, Técnicas de Vendas, Gestão de Pessoas, Comunicação, entre outros. Sem perder a seriedade do assunto, utiliza em suas palestras: mágica, malabares ou música, mas seu diferencial é uma curta apresentação de humor no final, no gênero *stand up* comedy (em que já atua há quatro anos).

Apresentou o programa "Arte & Carreira" (web), foi entrevistado ou teve seu nome presente em diversas mídias (inclusive em revista no Japão), trabalhou com grandes empresas e instituições, como SENAC, Fundação Bradesco, Volkswagen, Rede Record e também esteve em grandes eventos de faculdades renomadas de São Paulo e Paraná. Tem como objetivo levar o seu trabalho para os demais estados do país.

Contatos:
www.luizgustavo.tv
contato@luizgustavo.tv
(11) 3424.6096 | 98367.6400

Anotações

14

Que buchicho é esse que 'tá' rolando e que 'tá' todo mundo falando, hein? Eu também quero saber...

Burburinho, cochico, falatório, boca-a-boca. Foi-se o tempo em que eram formas indevidas de comportamento. Isso hoje rende muitos dividendos às empresas como estratégia de comunicação. Com transparência, gerando confiança e ética, é claro!

Magali Amorim Mata

Ser + em Comunicação

Magali Amorim Mata

Dentre os tão aclamados **4Ps** do Mix de Marketing, são gastos anualmente em todo o planeta bilhões de dólares em propaganda para que o consumidor retenha a marca de um produto ou serviço. Embora invista-se tanto em propaganda, as empresas atualmente trabalham com *budgets* muito reduzidos na expectativa de atingir o mesmo resultado. A verdade é que as pessoas estão cansadas de comerciais esteriotipados que sequer lhes chamem ou prendam-lhes a atenção. Não adianta ao anunciante fixar-se nos meios de comunicação tradicionais (e caros...!).

O consumidor quer um jeito diferente de ser abordado, de ter a atenção tomada ou alcançada. O que se espera é inovação. O fato é que todo mundo quer reter a atenção do outro ou no mínimo ser lembrado por alguém. Especialmente as empresas! Daí o surgimento de uma nova Estratégia de Comunicação, o *Buzz Marketing*, que anda de mãos dadas com o *Marketing Viral*. Afinal de contas, o que é isso? Funciona de verdade? Ou é mais um modismo do ambiente de marketing e daqui apouco ninguém mais estará falando nisso? É justamente isso: todo mundo estar falando!

O tão (literalmente) falado Buzz Marketing

O vocábulo **buzz** da Língua Inglesa pode ser traduzido como *bochicho*, burburinho, *boca-a-boca,* o tal *'zunzunzun'*. O termo *buzz* em inglês chega a remeter-nos ao mesmo 'som' do *zunido* que as abelhas fazem. E abelhas fazem o quê? Vão de flor em flor ao mesmo tempo que colhem e espalham o pólen!

O **Buzz Marketing,** que também é conhecido como Marketing Boca-a-boca, é uma estratégia inovadora de disseminar um produto ou serviço estimulando exatamente o tal boca-a-boca de forma que os consumidores passem a ser o veículo de comunicação do produto, da marca, da imagem, ou do que a empresa queira propagar. É fazer com que se falem do produto, o tal *falem mal mas falem de mim*, porém de preferência e óbvio, que se fale bem! É o próprio consumidor sendo o propagador. A essência está em se reconhecer e identificar quais são os indivíduos ou grupos sociais que serão os disseminadores, os influenciadores que irão iniciar a multiplicação da mensagem fazendo uso dos recursos tecnológicos para atingir milhões de pessoas num tempo fugaz.

A estratégia de comunicação do *Buzz Marketing* pode se dar espontaneamente ou pode ser induzida pelo anunciante interessado. Qualquer empresa pode fazer uso desta ferramenta com um custo absurdamente reduzido comparado aos tradicionais investimentos na área da comunicação, alcançando um efeito quantitativo mais absurdo ainda!

Ser + em Comunicação

Os resultados de quem já fez uso do *Buzz Marketing* indica que o boca-a-boca é uma forma de divulgação extraordinariamente vantajosa pelo alcance de seus resultados alinhados ao reduzido custo de investimento.

O *Buzz Marketing* possui inclusive uma associação norte-americana para este tipo de ferramenta, a *WOMMA, Word of Mouth Marketing Association* – Associação do Marketing *Boca-a-boca*. A WOMMA procurou instituir diversas diretrizes para a constituição e execução do *Buzz Marketing*, como, por exemplo, as severas diretrizes éticas que buscam resguardar tanto os consumidores quanto as empresas.

Como começar

Como se dá o processo da comunicação no marketing *boca-a-boca?* Trata-se de uma forma inovadora de troca e repasse das informações. Em alguns casos, a empresa promove um evento direcionado a um específico público multiplicador, identificado como tendo influência sobre vários potenciais consumidores. No evento, é apresentado o produto ou serviço a esse selecionado público que recebe amostras, podendo até mesmo configurar-se uma "degustação" de até seis meses como é o caso de algumas marcas de veículos. O automóvel "fica" com o seleto público que passa a circular em todos os lugares e eventos com a marca, influenciando decisivamente na decisão de compra dos consumidores sobre os quais tem ascendência ou para quem são referência.

Por isso, deve-se identificar quem são as pessoas ou grupos certos, os especialistas que transmitam confiança, possuam credibilidade e cuja opinião cause impacto e influência. Caberá à empresa, portanto, alcançar este público de forma que realmente "comprem" a ideia e acreditem no valor do produto ou marca mas, acima de tudo, percebam transparência e ética, pois somente desta maneira sentir-se-ão seguros e inspirados a multiplicar sua experiência e aderir à ação. Uma vez conquistado este público disseminador, o *Buzz Marketing* estará inserido.

Trabalhar-se *Buzz Marketing* ou Marketing Viral, demanda igualmente conhecer o mercado e seus seguimentos, quais as tendências, as mudanças de comportamento, quem é o público que se quer atingir, seus usos, costumes e principalmente sua cultura. Também ater-se ao público jovem, uma demanda bastante exigente por modernidade, diferenciação, exclusividade, por isso a empresa deve adequar suas estratégias de comunicação a esse segmento.

Alinhado ao *Buzz Marketing* está o Marketing Viral que recebe este nome pois o resultado é como um *'vírus'*, que logo dissemina uma epidemia. Evidentemente que, como estratégia de comunicação, entenda-se uma disseminação saudável e positiva. O que os diferencia são a forma e a velocidade, pois no Marketing Viral são utilizados os meios eletrônicos e digitais de alcance inigualável: *emails, blogs* e redes sociais. Por exemplo, pode-se produzir um vídeo e publicá-lo na internet, uma forma rápida, veloz, certeira de atingir muitos expectadores que, por sua vez, repassam o vídeo para seus amigos e comunidades, publicando o *link* em suas redes sociais. Efeito exponencial imediato. Muito comum o tom de humor informacional nas mensagens disseminadas pelo Marketing Viral.

Como dito anteriormente, por tratar-se de estratégias de comunicação de investimento muito reduzido, os ingredientes de sucesso são na verdade, muito mais a criatividade e a imaginação do que o recurso financeiro, levando a mensagem de forma muito mais abrangente e alcance sem igual.

Cases

Internacionalmente há inúmeros *cases* de sucesso no uso do *Buzz Marketing* ou mesmo do Marketing Viral. Escolhemos mencionar o exemplo simples de uma famosa marca de chuteiras que são entregues ao jogador Ronaldinho durante o treinamento no campo. Ele calça e começa imediatamente a treinar com elas, arremessando a bola ao gol e atingindo vezes repetidas a trave, com a bola sempre retornando a seus pés. Sempre pairou no ar a dúvida quanto à montagem da cena, o que não faz a menor diferença, pois o fato é que o vídeo explodiu na internet e logo se tornou uma "febre" com milhões de pessoas falando da marca da chuteira e do jogador, ou seja, viral, boca-a-boca.

Nosso exemplo nacional é o que foi tido como o primeiro caso de *Buzz Marketing* do nordeste brasileiro, o caso *João e Lica*. Muito interessante pois foi um *case* utilizando-se da metalinguagem: o cliente era uma agência de comunicação visual, querendo divulgar o seu próprio painel, também conhecido como "empena" e, para tanto, contratou uma agência de propaganda que desenvolveu a campanha com muito sucesso. O painel estava fixado numa parede de um edifício no cruzamento de duas famosas avenidas daquela capital, um local de impacto e alta visibilidade. Foi publicado então o seguinte texto: "**João**, *você nunca mais me engana. Eu falei pra não fazer de novo. Agora tem outro em seu lugar.* **Lica**". Pronto! A mensagem, coloquialmente falando, "rendeu o que falar", e é exatamente isso que o *Buzz Marketing* almeja! Logo começaram as especulações acerca de quem era a tal Lica e o que o tal João teria feito a ponto de ter um painel publicado. Sites, blogs de relacionamento, Redes sociais e até mesmo duas matérias de meia página num dos jornais da cidade abordavam o assunto com inúmeras hipóteses. Duas colunistas sociais chegaram a mencionar o caso em suas colunas. Quinze dias depois, veio a resposta do João: "**Lica**, *você me trocou*

Ser + em Comunicação

*mas pelo jeito não me esqueceu, **João**"*. Mais burburinho causado! Exatamente o que se queria era esse *boca-a-boca*. Algumas empresas da cidade aproveitaram o clima de discussão gerado pelos dois painéis e pegaram carona, como um restaurante que anunciou num *outdoor*: "João e Lica, o melhor é fazer as pazes no...." publicando o nome do restaurante. Marketing de Oportunidade gerado pelo *Buzz Marketing!* Mais alguns dias e veio o despecho do caso com o último painel sendo fotografado e publicado nas redes sociais antes mesmo de sua completa instalação: ***"Pessoal**, a única verdade nessa história é que anunciando aqui, todo mundo fica sabendo, **João e Lica"**.*

A discussão tomou rumos exponenciais! Antes mesmo do último painel ser fixado, a agência de comunicação visual já havia recebido inúmeros pedidos de publicidade para aquele local. Foi criado até mesmo um João & Lica *generator* em que os casais postavam suas mensagens. Resultado atingido com sucesso!

Sem dúvida, são inúmeras as vantagens de se utilizar essa estratégia de comunicação, entretanto, como mencionado acima, é importante ter transparência, gerar confiança, credibilidade e com muita ética.

Caso contrário, o efeito pode ser devastador, justamente por tratar-se de uma ferramenta de longo alcance e cujos erros podem ser irreparáveis. Da mesma forma que a mensagem positiva é repassada e replicada instantaneamente a milhões de internautas, igualmente a mensagem equivocada. Daí a necessidade de pesquisar-se acerca correta de quem é seu público, para evitar quaisquer ocorrências de ruídos de interpretação, uma vez que a máxima é "comunicação não é o que eu falo. E sim o que o outro entende", assim, todo cuidado é pouco! Ferir-se com as ferramentas de *Buzz* ou Viral Marketing é causar um dano irreversível.

Quer testar? Então use sua criatividade, ética, polidez, bom senso, bom humor e publique um desafio em sua rede social e veja o "buzuzu" que isso vai causar!

Referências:
CHETOCHINE, Georges. Buzz Marketing. Editora: Prentice Hall: São Paulo. 2006.
O'REIILLY, Ann; SALZMAN, Marian; MATATHIA, Ira. A Era do Marketing Viral. Como Aumentar o Poder da Influência e Criar Demanda. Editora Cultrix: São Paulo. 2003
PENENBER, Adam L.. Viral Loop – Como o Crescimento Viral transformou Youtube, Facebook, Twitter em Gigantes. Editora: Elsevier-Campus: Rio de Janeiro. 2010.
THOMAS, Robert J; CROSS, Robert. Redes Sociais – Como Empresários e Executivos de Vanguarda as Utilizam para obtenção de Resultados. Editora: Gente: São Paulo. 2009.

Magali Amorim Mata

Bacharel como Secretário Executivo Bilíngue pela PUC-SP, pós-graduada em Marketing & Propaganda pela ESPM-SP. Foi mestranda em Comunicação e Cultura Midiática.
Desenvolveu sua carreira nos últimos vinte e quatro anos na Assessoria Executiva em multinacionais do segmento Químico e Farmacêutico.
É Consultora e palestrante em cursos, *workshops* e conferências em Comunicação e Atendimento ao Cliente. É facilitadora de treinamentos focados na área motivacional e comportamental.
É docente nos cursos superiores de Gestão em Recursos Humanos, Gestão em Logística Empresarial, Gestão Hospitalar e Gestão Financeira na Anhanguera-Uniban e Tecnologia em Secretariado, na Faculdade de Tecnologia – FATEC Carapicuíba.
É membro do Comitê Estratégico de Educação do SINSESP, trabalhando a interdisciplinaridade na Formação Executiva.

Contato:
www.magaliamorim.com.br

Anotações

15

Nas palavras, meu universo

O ardil do entendimento humano e a esperança proposta pela ontologia da linguagem

Marcello Árias Dias Danucalov & Káritas de Toledo Ribas

Marcello Árias Dias Danucalov & Káritas de Toledo Ribas

O local é um auditório qualquer, desses que temos frequentado nos últimos vinte e cinco anos. O tema da palestra flerta com filosofia, linguagem, afetos e comunicação humana. Em determinado momento, propomos uma pequena experiência, tendo como âncora para a atividade sugerida um tema um tanto quanto desgastado pelo tempo, mas que ainda inspira paixões nos mais diferentes universos, quer seja acadêmico, corporativo, artístico ou mesmo religioso: quem foi melhor, Pelé ou Maradona? Depois de discussões acaloradas e emocionalidade cáustica, Pelé é o eleito. Findada a contenda e chancelada a escolha, as perguntas que se seguem são as seguintes: podemos entender que vocês perpetraram suas opções e concederam ao Pelé um maior valor do que aquele concedido ao Maradona. É isso? (A plateia assente com a cabeça). Então, gostaríamos que agora vocês nos concedessem a definição de valor. O que é um valor? O valor na sua essência. O valor no seu significado mais profundo. O valor enquanto definição universal. Invariavelmente, o que se segue a esta pergunta é um silêncio sepulcral, muitas vezes embaraçoso e levemente constrangedor.

Não somos os primeiros a "brincar" com as palavras desta forma. Há dois mil e quinhentos anos, o filósofo Sócrates já intuía as limitações de nossa linguagem e provocava seus interlocutores em suas certezas, fazendo-os, invariavelmente, cair em contradições e perceber que, na maioria das vezes, não tinham argumentos sólidos para sustentar as opiniões proferidas, pois cedo ou tarde compreendiam que lhes faltavam palavras, conceitos, definições e símbolos para representar aquilo que intuíam como verdade inquestionável. Nicola Abbagnano, em seu dicionário de filosofia, necessita de cinco páginas para definir o que é um valor e outras doze para tentar explicar as várias faces da palavra amor. Segue-se daí uma conclusão: as palavras encerram em si uma miríade de significados que não damos conta de entender por completo. Mesmo que os entendêssemos, ainda assim, as palavras, a linguagem, a sintaxe, jamais seriam suficientes para traduzir com clareza e de forma contundente uma única emoção sequer. Neste contexto, como asseveram alguns filósofos, somos "ilhas afetivas" destinadas a fracassar em nossas comunicações interpessoais.

Todavia, alguns pensadores acreditam ser possível realizar uma análise profunda da linguagem com intuito de atingir formas mais sólidas de entendimento mútuo, estreitando os vínculos intersubjetivos e patrocinando relações afetivas mais sólidas. Para muitos estudiosos da linguagem, esta tem como objetivo principal descrever o mundo, delineando por meio de signos e símbolos os contornos da realidade. Outros, no entanto, acreditam que esta mesma linguagem vai além desses propósitos, chegando mesmo a criar os fenômenos que permeiam o universo real. O uso das palavras tem papel crucial em nossas relações interpessoais. A forma como utilizamos a linguagem mostra a maneira como construímos nosso mundo. Tanto o amor quanto o ódio podem ter como origem o alcance de nossa linguagem, como afirmava Thomas D'Ansembourg: "a violência, interiorizada ou exteriorizada, é o resultado de uma falta de vocabulário, é a expressão de uma frustração que não encontra palavras para se exprimir". Sendo assim, assevera Ludwig Wittgenstein: "As fronteiras da minha linguagem são as fronteiras do meu universo".

Nos últimos quarenta anos, estudiosos tem investigado profundamente nossas limitações em mantermos diálogos eficazes, sugerindo, de forma paralela, técnicas conversacionais destinadas ao aprimoramento da linguagem e ao estabelecimento de vínculos sociais mais profundos e respeitosos. Uma das linhas que abordam a linguagem por meio desta ótica é a ontologia da linguagem. A ontologia é a parte da filosofia que trata da natureza do ser, da essência última dos objetos, da existência e do significado das coisas, da visão de mundo do ser humano. Para isso, investe na compreensão da forma como este se apropria do mundo, de seu modo de ser e estar no mundo. Nosso "modo de ser" é fruto da interação dinâmica entre a linguagem, as emoções, a corporalidade, a fisiologia e o meio onde este intercâmbio acontece. Essa interação determina nosso comportamento, nossos códigos éticos e morais que determinam os juízos que fazemos do mundo e de nós mesmos. Desta forma, a linguagem é entendida como uma peça fundamental do motor de nossas percepções. Essa escola esforçar-se para estabelecer novos patamares de conversação e culminou no desenvolvimento do *Coaching* de base ontológica. Nessas sessões, além de outras atividades, o *coach* investiga em conjunto com seu cliente a forma como se comunica, questionando suas ideias, crenças, pressupostos e opiniões, favorecendo uma nova competência: observar sua maneira de observar o mundo. A ontologia da linguagem, ou mesmo as técnicas pautadas em ferramentas conversacionais ontológicas, alicerçam-se de forma sólida no imperativo da conquista da responsabilidade integral pelos nossos atos, pois a linguagem automática, utilizada no senso comum, pode obscurecer a consciência da responsabilidade pessoal.

Atualmente temos evidência científica suficiente para entender a dinâmica da construção cerebral. Cada aspecto que aprendemos durante nossa vida é gravado em nosso cérebro. Esta gravação é feita na medida em que os neurônios (células cerebrais) estabelecem conexões uns com os outros, constituindo complexos sistemas de codificação eletroquímica, que são a base do armazenamento de informações no decorrer de nossa existência. Quanto mais um determinado circuito é ativado, menos consciência será necessária para sua posterior ativação. Graças a isso, dirigimos um carro sem pensar. Todavia, devido ao mesmo mecanismo, passamos a nos comunicar de forma automática, impensada e nos deixamos conduzir por automatismos conversacionais nem sempre saudáveis.

Acreditamos que as palavras são o reflexo da alma, mas nos esquecemos que enquanto proferimos nossas frases, o outro, consciente ou inconscientemente, checa e compara a coerência de nossa fala com o que percebe em nossas expressões, em nossa linguagem corporal, no tom e no timbre de nossa voz. O acontecer é global, é simultâneo, ao passo que o verbal é sucessivo e linear. As palavras parecem estáveis, sólidas e imutáveis, mas a vida é um caleidoscópio que se transmuda a cada instante.

Logo, o trabalho com comunicação humana tem como objetivo fazer com que as pessoas motivem-se a investigar de forma corajosa e profunda as formas como compuseram suas falas na senda de sua existência. Como tenho me comunicado? Como foram construídas minhas habilidades linguísticas e o que elas estão trazendo de positivo para minha vida?

Existem centenas de técnicas que visam estabelecer uma comunicação eficaz, e estas são bastante válidas desde que nos lembremos que por melhores que possam parecer, ainda são servas da intenção de cada um. Intenções positivas associadas a técnicas sabidamente eficazes podem surtir resultados efetivos no universo da comunicação humana que se constrói nas teias da intersubjetividade. Ao final de treinamentos conversacionais espera-se que o indivíduo tenha ampliado sua consciência de seus automatismos linguísticos, apreendido em seu cérebro novas conexões que possam beneficiá-lo no trato com o outro.

Em resumo, essas escolas partem da compreensão do tipo de observador que somos, para posteriormente ajudarem-nos a analisar nossos modelos mentais, ressignificar nossas percepções, nossas crenças e nossos pressupostos, escolhendo as melhores estratégias conversacionais para erigir diálogos mais sadios, além de atos linguísticos que possam transformar nossa realidade, uma vez que para a filosofia da linguagem, esta é gerativa da realidade e não meramente descritiva dos fenômenos do mundo.

Referências:
Abbagnano N. Dicionário de filosofia. São Paulo: Martins Fontes. 2007.
Kandel E. Em Busca da Memória: O Nascimento de Uma Nova Ciência da Mente. 1ª Edição. São Paulo: Companhia das Letras, 2009.546p.
Kofman F. Metamenagemant: O sucesso Além do Sucesso - A Nova Consciência nos Negócios. 6ª Edição. Rio de Janeiro: Campus, 2004. 320p.
Mariotti H. As Paixões do Ego: Complexidade, Política e Solidariedade. 1ª Edição. São Paulo: Palas Athena, 2000.
Wolk L. *Coaching*: A Arte de Soprar Brasas. 1ª Edição.Rio de Janeiro: Qualitymark. 2008.

Marcello Árias Dias Danucalov & Káritas de Toledo Ribas

Marcello Árias Dias Danucalov: Doutor em Ciências - Psicobiologia (UNIFESP); Bacharel em Filósofia e *Coach* com Formação Ontológica; Especialista em Fisiologia (UNIFESP); Mestre em Farmacologia (UNIFESP); Professor universitário com experiência de 25 anos de docência; Ministrou mais de 600 palestras, *workshops* e cursos de pós-graduação pelo Brasil; Autor de diversos livros e artigos científicos.

Káritas de Toledo Ribas: Administradora de Empresas (UERJ/RJ); Bacharel em Filosofia e *Coach* com Formação Ontológica; Pós-Graduada em Dinâmica dos Grupos (Sociedade Brasileira de Dinâmica dos Grupos - SBDG); Especialista em Medicina Comportamental (Centro de Estudos em Medicina Comportamental) (UNIFESP); Mais de 20 anos de experiência como consultora, professora e palestrante, atuando com comportamento humano.

Contatos:
www.appanamind.com.br
contato@appanamind.com.br
(11) 3815.0863

Anotações

16

AÇÃO COMUM ENTRE AS PESSOAS

Tem aumentado sensivelmente a quantidade de empresas que se preocupam com comunicação eficaz e correta. Muitos dos bons treinamentos de vendas preveem o desenvolvimento de oratória, de argumentação correta, delegação, negociação, abordagem e fechamento da venda. Eu posso lhe garantir que esse é um dos mais importantes alicerces para o sucesso em vendas, pois a comunicação é mais de 50% da venda

Marcelo Ortega

Ser + em Comunicação

Marcelo Ortega

Segundo Albert Merabian, importante pesquisador em comunicação e comportamento humano, o sentido de uma mensagem está muito mais no modo como nos comunicamos, do que naquilo que falamos, nas palavras. Uma de suas conclusões é que 58% da comunicação está no gestual, 38 % na musicalidade de uma mensagem e 7 % nas palavras. Palavras servem como protocolo da mensagem, mas têm sentidos diferentes entre os povos e culturas ao redor do mundo. Saber pronunciar bem o seu idioma é fundamental e, é ainda mais importante, acentuar corretamente e contextualizar com gestos e movimentos. Isso se nota na pessoas bilíngues, que têm fluência em vários idiomas. Elas sabem mudar o sotaque, o acento típico para a pronúncia correta de palavras em idiomas diferentes. Quem viaja muito por aí sente na pele o que é comunicar-se eficazmente, por que não adianta saber falar outro idioma, é preciso pronunciar, acentuar e gesticular adequadamente.

No mundo dos negócios, falar e escrever bem são uma das maiores habilidades para o sucesso. Relacionamentos sólidos se constroem com bom entendimento e afinamento das conversas entre profissionais e suas empresas. Muito se fala em mundo globalizado e na necessidade de aprender inglês, espanhol, até mesmo mandarim, mas as pessoas precisam primeiramente aprender o português, nossa língua mãe. Como consultor empresarial focado em equipes de vendas, tenho visto muita gente que não se atenta à quantidade de erros cometidos em propostas comerciais, *folders*, prospectos, manuais de produtos, comunicados internos e até mesmo na condução de palestras internas feitas por homens e mulheres de negócio.

Um dos fatores mais importante do marketing pessoal é a imagem que transmitimos. Em vendas, a maioria dos cursos ensina a importância da apresentação pessoal, roupa e cuidados pessoais, higiene, sorriso, etc, mas esquecem de medir o quanto cada profissional é preparado para redigir ou falar textos corretamente.

Tem aumentado sensivelmente a quantidade de empresas que se preocupam com comunicação eficaz e correta. Muitos dos bons treinamentos de vendas preveem o desenvolvimento de oratória, de argumentação correta, delegação, negociação, abordagem e fechamento da venda. Eu posso lhe garantir que esse é um dos mais importantes alicerces para o sucesso em vendas, pois a comunicação é mais de 50% da venda.

Estamos o tempo todo comunicando, ou seja, estamos o tempo todo vendendo ideias e criando relações humanas baseadas em confiança e verdadeiro interesse.

Despertar atenção dos outros para você, sua marca, seu produto ou serviço requer as mesmas ferramentas de comunicação eficaz que tem uma pessoa que fala vários idiomas. Requer atenção aos detalhes do seu interlocutor. Para ser percebido e entendido, é preciso falar, contextualizar a mensagem com gestos e movimentos, enfatizar, acentuar, dramatizar.

Ser + em Comunicação

Um bom vendedor ou vendedora nunca inicia uma conversa com um cliente sem ter domínio total daquilo que chamo de despertadores de atenção. Sabe quando precisamos "quebrar o gelo" no início de um bate-papo? É isso, despertar atenção a você e criar sintonia é a primeiríssima fase de uma conversa produtiva.

Em meu livro *Sucesso em Vendas*, trato os despertadores de atenção por meio da técnica e acróstico (FADA) - F.atos, A.rtefatos, D.icas e A.preciações.

Fatos – são informações verdadeiras e relevantes sobre o seu interlocutor. Imagine que inicia um bate-papo com qualquer pessoa, no caso da venda, com um cliente em potencial falando sobre um amigo em comum, alguém que lhe indicou para falar com ele. Isso atrai a atenção dele e desfaz barreiras.

Artefato – são objetos que a outra pessoa tem e que podem ser notadas por você para dar início a uma conversa. A foto dos filhos, um diploma na parede, a bonita casa em que mora, etc. Destacar isso faz com o outro se interesse mais por você, por que mostra o seu interesse pela outra pessoa

Dicas – são ideias que damos aos outros sem querer nada em troca. Até mesmo na venda, o potencial cliente adora receber uma dica bacana para ele ou para a empresa dele, mas sem ser tendenciosa para vender seu produto. É um presente que damos aos outros em forma de dica e isso cria também afinidade entre você e seu interlocutor.

Apreciação – elogiar é uma habilidade poderosa para cativar os outros. Mas não pode ser bajulação, trata-se de um elogio sincero e que destaque uma qualidade que notamos no outro, até mesmo na sua casa, na sua empresa, nos seus filhos, no seu site na internet, etc.

A comunicação eficaz em vendas é profundamente presente em todas as etapas. Na hora de abordar o cliente, temos de ter *rapport* – palavra que vem do francês e que significa empatia (quando as coisas empatam). *Rapport* é uma ferramenta da PNL, Programação Neuro-Linguística, criada por John Grinder e Richard Bandler na década de 70. Muito antes disso, Dale Carnegie, autor de "Como fazer amigos e influenciar pessoas" já destaca: "as pessoas gostam de pessoas que são iguais a elas". Isso é *rapport* – empatia total para acompanhar as pessoas e até mesmo as conduzir. Quando entramos no mesmo tom de voz, gesticulação, sotaque, velocidade ao falar, criamos um ambiente muito mais propício a venda e ao relacionamento positivo. Sabe quando você conhece uma pessoa e logo na primeira conversa tem a sensação de que conhece esta pessoa há tempos? Isso é uma evidência de *rapport* absoluto, por que vocês se parecem muito ou a outra pessoa soube entrar no seu ritmo e no uso de palavras que você costuma usar.

O cérebro funciona de forma diferente em cada ser humano, dependendo das suas experiências, do seu foco, do seu momento. Isso é mapa mental em PNL. Um mapa mental pode ser entendido por

meio dos níveis neurológicos:
1. **Ambiente:** o nível mais raso. O lugar onde estamos demanda uma comunicação específica. Não agimos na empresa como agimos em casa. Não usamos as mesmas palavras com amigos e com o nosso chefe ou cliente.
2. **Comportamento:** saber se portar em diferentes ambientes só é possível por que temos várias "personas" em nós mesmos. Somos atores e atrizes na vida e na venda e mudamos nossa comunicação graças às nossas experiências e capacidades
3. **Capacidades:** aquilo que aprendemos na vida ou nossos talentos natos. Trata-se da direção que damos a vida e ela depende dos nossos recursos internos, nosso poder, crenças e valores.
4. **Crenças:** antes de aprender, saber fazer e ter resultado é preciso acreditar que pode. Crenças e valores determinam o quão bom comunicador você será e como o fará. Tem gente que limita sua capacidade de comunicação por que não acredita tanto naquilo que fala, não tem convicção.
5. **Poder Pessoal** – o seu "Eu" superior, é assim que se define o ponto mais alto nos níveis neurológicos de todo e qualquer ser humano. Você é capaz de mudar crenças e valores de tempos em tempos. Mudando seu modo de pensar, de agir, de falar você estará melhorando sempre e se adequando cada dia mais ao modelo de comunicação mais adequado à venda de novos produtos ou serviços para um novo mercado que requer sempre novas competências.

O mercado mudou. Hoje temos a avalanche das redes sociais, dos produtos concorrentes vindos de todos os cantos do mundo, do consumidor muito mais bem informado e exigente que há 10 anos. No entanto, ainda tem muita gente falando como há 10 anos, interagindo sem saber destacar o que interessa ao seu interlocutor.

Precisamos aprender na vida e na venda que as pessoas não estão interessadas na vida da gente, até que nos interessemos por elas e por suas vidas. Ser um bom ouvinte é uma das maiores habilidades no mundo dos negócios. E hoje, ouvir o que dizem sobre sua empresa no Facebook, Twitter, Linkedin, etc, é essencial para manter sua marca bem posicionada.

Os clientes querem coisas que os ajudem a economizar, ter mais qualidade de vida, mais produtividade e lucratividade. Por isso, uma das mais eficazes formas de criar interesse nos outros e vender é saber destacar benefícios e ganhos para seu interlocutor ou cliente em prospecção: "eu trabalho com o aumento das suas vendas e da produtividade de equipes comerciais".

É assim que me apresento para me diferenciar dos meus concorrentes. Eu seria apenas mais um palestrante no mercado de vendas se dissesse que trabalho com palestras e treinamentos de vendas, concorda?

E você: sabe como destacar ganhos e benefícios logo no início de sua mensagem?

Ser + em Comunicação

Para isso, coloco nos meus livros e treinamentos uma regra:
- Benefícios se referem ao seu cliente ou amigo em potencial
- Características e até mesmo vantagens só falar de você, de sua empresa e dos produtos e promoções

Quer vender e convencer: fale em termos do cliente e depois de você.

Agora, a melhoria na comunicação para muitas pessoas é ainda muito demandada quando querem aprender a negociar com eficácia. Vale destacar que não estou falando especificamente de negociação em vendas, mas de qualquer negociação que fazemos na vida.

Quando expomos nossa opinião sem um exemplo ou evidência, podemos causar resistência da outra pessoa. Muitos casais brigam a toa por que o marido quer uma coisa e a esposa outra, e cada um tenta impor sua opinião. Ele quer ir para o campo e ela para praia, mas brigam e não aproveitam a viagem, que claro, será na praia.

Brincadeiras a parte, se ele tivesse exposto uma evidência para convencê-la ou vice-versa, seria melhor. Por exemplo: "meu amor, sei que podemos ir para a praia, mas se lembra quando estivemos na fazenda, e como foi boa aquela viagem que, aliás, já faz um tempão. Pois é, eu queria reviver momentos especiais com você e nossos filhos na natureza, no campo, com atividades de turismo rural desta vez. Além disso, acredito que nosso objetivo maior é descansar e ficarmos felizes. Se considerarmos que essa é uma boa opção, e que você concorde, podemos confirmar a ida para o campo?".

Note: fui bem técnico e certamente não vamos argumentar de modo tão formal com nossas esposas e maridos, mas quero destacar que usei aqui uma técnica. A do acordo condicional: "se encontramos uma forma que você concorde, podemos avançar" é uma pergunta, dentre as tantas perguntas que grandes comunicadores e negociadores sabem fazer. Nesta pergunta, a outra pessoa tende a lhe dizer sim, que concorda com você.

Além disso, note ainda que usei uma evidência no argumento do marido com a esposa: uma outra viagem que fizeram para o campo em que foram muito felizes. Na venda e na vida, usar fatos anteriores que sustentem a sua proposta faz com que você tenha mais chances de convencer, e não crie conflitos por simplesmente querer expor sua opinião e ter aceitação a força.

Vender e negociar são habilidades que se desenvolvem e elas são extremamente baseadas em técnicas de comunicação. Há muito sobre estes assuntos no meu portal de líderes e vendedores e, por que não dizer, para grandes comunicadores www.marceloortega.com.br

Torço que aperfeiçoe suas habilidades ao negociar com as ideias que lhe dei e com os textos de grandes especialistas em comunicação deste livro fantástico da Ser Mais, organizado pela renomada jornalista Christiane Pelajo e pelo amigo e talentoso editor-chefe Mauricio Sita.

Aprenda com os melhores comunicadores, afinal, o significado da palavra comunicação é: **ação comum entre as pessoas.**

Marcelo Ortega

Vendedor, Treinador, Palestrante e Fundador do Instituto Marcelo Ortega. Autor dos Bestsellers: Sucesso em Vendas e Inteligência em Vendas – Ed. Saraiva.

Contatos:
www.institutomarceloortega.com.br
www.marceloortega.com.br
(11) 3323-7596

Anotações

17

Oratória e seu Poder

Falar em público é uma necessidade para qualquer pessoa nos dias de hoje. O orador defende um ponto de vista, tentando convencer alguém e recebendo uma resposta dos envolvidos. Desenvolver a capacidade de interagir com pessoas por meio da comunicação permite alcançar patamares diferenciados na sociedade, gerando comportamentos mais adequados nos diversos ambientes vivenciados, sejam eles pessoais ou profissionais. Neste capítulo te convido a conhecer como podemos desenvolver esta habilidade

Marcelo Vieira da Silva

Ser + em Comunicação

Oratória e seu poder

Pensar em comunicação é refletir sobre a forma que interagimos com as pessoas. A oratória não se resume ao simples ato da expressão verbal, ela consiste num complexo conjunto de: pensamento, fala, conteúdo, comportamento, gestos e apresentação.

A oratória nos posiciona na sociedade, nos conecta com vários mundos, cria possibilidades, desperta admiração, possibilita a transmissão do conhecimento, a exposição de ideias, valores e o poder de influenciar pessoas.

Ter uma boa comunicação é fundamental para o desenvolvimento da carreira, exercitamos a comunicação em muitos momentos de nossa vida, o que nos exige competências ainda maiores para encantar as pessoas. Através de uma comunicação mais eficiente é possível conquistar um lugar de destaque neste mercado profissional competitivo.

O mundo tem mudado em todos os aspectos, novas tecnologias têm surgido, novos comportamentos e conhecimentos têm sido exigidos, mesmo com tantas mudanças a oratória continua tendo seu papel fundamental neste mundo tão conectado.

Vou começar falando sobre o pensamento, que tem total poder sobre todos os nossos comportamentos e ainda a capacidade de transformar nossa comunicação.

O pensamento

O primeiro passo na oratória é cuidar dos nossos pensamentos, estes podem influenciar na nossa comunicação de forma positiva ou negativa. Estamos o tempo todo recebendo influências do ambiente em que vivemos, podendo sofrer alterações em nosso humor, em nossa motivação e concentração, o que de certa forma poderá influenciar também em nossa comunicação.

É importante monitorar o que pensamos, temos uma tendência natural de usar acontecimentos recentes ou de extrema relevância em nossas apresentações, se for algo negativo a influência será ruim podendo causar estas alterações mencionadas e influenciar negativamente em nossa apresentação. Se for positivo, ótimo, nossa apresentação ficará ainda melhor. Fazer este mapeamento dá mais qualidade no que se diz. O pensamento é determinante para o sucesso de nossa comunicação, por meio dele o tom da conversa será dado, criando uma tentativa de construção do entendimento das pessoas pelo que está sendo apresentado.

Quando as pessoas vão assistir a uma palestra ou a qualquer apresen-

Ser + em Comunicação

tação suas expectativas estão voltadas para que o comunicador consiga desenvolver o tema de forma interessante, envolvente e preparada.

O que conseguimos pela oratória

Pela oratória conseguimos ampliar conhecimentos, desenvolver a personalidade, acabar com inibições, adquirir autodomínio, fazer a ginástica mental, aprender a ordenar os pensamentos e fazer relações públicas.

Por meio da oratória potencializamos nossos resultados em: vendas, negociação, liderança, motivação, atendimento a clientes, realização de palestras, aulas, dentre outros benefícios.

Existem 6 pontos que acredito ser importantes para uma excelente comunicação, são eles:

1 - Relacionamento - Acredito ser fundamental para uma boa comunicação, diminuindo as distâncias entre as pessoas, criando uma fala mais envolvente e mais próxima. Uma das maiores dificuldades que vejo na oratória é o medo que as pessoas têm de seus ouvintes, vou explicar: muitas pessoas ao falar em público têm medo de serem avaliadas. O relacionamento cria condições mais favoráveis para diminuir a timidez, permite a troca de olhar entre as pessoas de forma mais tranquila e confortável, cria uma sinergia e sintonia com a plateia em que ela percebe esta receptividade pelo comunicador. A troca de olhar durante a fala faz com que as pessoas sintam que o comunicador esta falando com elas e não somente para elas, o olhar influencia muito a percepção dos ouvintes, ele faz uma conexão excelente com a plateia, permitindo uma interação ainda maior entre eles. O fato é que quanto mais você se relaciona, mais confortável você se sente com outras pessoas, isto contribui para uma melhor desenvoltura.

2 - Conhecimento - Fundamental para uma excelente comunicação, transmitir credibilidade, melhorar a exposição das ideias, permitir uma interação maior com a plateia, possibilitar melhores argumentações, despertar admiração e ampliar o vocabulário. Quem tem conhecimento detém poder já diziam os sábios, o conhecimento é um facilitador para transcorrer a respeito de qualquer assunto com maior naturalidade, gerando maior conforto para o palestrante, demonstrando que ele conhece o assunto, sendo um estudioso do tema na teoria ou na prática.

O conhecimento diminui as possibilidades de um branco na memória, pois rapidamente você consegue substituir a palavra desejada por outra já que possui um vocabulário mais amplo. Esta fluência verbal conquistada pelo rico vocabulário contribui para diminuir o nervosismo, já que esta substituição de palavras se faz em questão de segundos, não dando tempo ao cérebro para este desconforto pelo fato ocorrido. Estar bem munido de informações gera muito mais tranquilidade, contribuindo para diminuir a carga de ansiedade inicial de uma apresentação, o que de fato pode comprometer a mesma se ao iniciar você apresentar insegurança para a plateia. Mais do que ter conhecimento é muito importante saber transmiti-lo, por isso a importância da oratória bem preparada. Dedique tempo a esta busca constante do conhecimento, que pode ser por meio da leitura, cursos, palestras, filmes, viagens, bate-papos e tudo aquilo que for te ajudar em suas conquistas.

3 - Aceitação - Ser aceito é algo que nos acompanha desde pequenos, nossos comportamentos na infância fazem referência a esta busca. Quando estamos diante da plateia o que desejamos é que todos gostem da nossa apresentação, o fato de perceber que alguém pode não concordar plenamente com nosso ponto de vista pode nos deixar ansiosos, prejudicando nosso desempenho. Apesar de querer ser aceito por todos, este não é seu objetivo principal e sim a transmissão do conteúdo como planejou, por isso o equilíbrio se torna essencial para uma excelente apresentação em que seu foco estará distribuído entre sua performance e o público.

4 - Conhecer o público - Para quem eu vou falar? Saber para quem vai se expressar ajuda a construir uma comunicação mais próxima das pessoas, criando uma ligação com elas por meio dos exemplos que se pode dar e também das palavras usadas durante a apresentação. Não estou falando de conhecer as pessoas que estão presentes, estou falando de conhecer qual o segmento: estudantes, médicos, professores, executivos, adolescentes, quem são? Com esta informação é possível transcorrer sobre o assunto com mais naturalidade entre eles e de forma interativa. O conhecimento do público também vai influenciar na sua roupa, nos seus gestos, nas suas dinâmicas e outros itens da comunicação. Este tópico é muito importante, você irá modelar sua apresentação para que a compreensão do público seja ainda maior.

5 - Dominar o assunto - Pode parecer repetitivo com o item 2, mas não é, no item 2 o conhecimento é geral. No caso específico, dominar o assunto é o estudo incessante sobre o tema que irá apresentar, buscando sempre novas informações, vários pontos de vistas, várias teorias, aumentando o conhecimento sobre o assunto a ponto de se tornar um especialista.

Ser + em Comunicação

6 - Preparação - Preparar, preparar e preparar. Montar sua apresentação, pensar como será sua abertura, quais recursos tecnológicos irá utilizar e como será o desenvolvimento de sua apresentação. É o item mais importante, aqui será definido o formato de sua apresentação. A preparação técnica envolve o conteúdo, dinâmicas, o uso de equipamentos, a roupa, postura e comportamentos. A preparação psicológica está ligada a assumir o comando dos seus pensamentos, por isso evite falar com pessoas que te aborreçam, durma bem para que sua mente esteja descansada e pronta para trabalhar, uma alimentação que favoreça a comunicação, eliminando um cansaço ou desconfortos intestinais. De todos estes fatores a preparação é fundamental, ela criará condições psicológicas e técnicas para que tudo transcorra conforme esperado e, se caso algo saia do planejado, você terá tranquilidade para lidar com naturalidade, pois sabe que se preparou.

Dicas importantes para uma boa comunicação:

-Procure administrar o tempo. Se o assunto for extenso, atenha-se ao tema principal;
-Organize suas ideias em sequência;
-Lembre-se de voltar ao exemplo concreto caso tenha dado uma pausa para contar uma história;
-Guarde sempre os argumentos mais fortes para o fim. Se achar que devido ao seu tema poderão surgir objeções as suas afirmações, tente prever e prepare a refutação.

Cuidados:
-Não se indispor com a plateia. Apenas se permita discordar depois de ter desenvolvido suficientemente sua própria argumentação;
-Cuidados ao usar casos reais e também o humor;
-Evite fazer perguntas à[plateia quando o assunto for polêmico.

Todos os itens acima são importantes e devem ser trabalhados para se construir uma apresentação de sucesso.

Referências:
-Polito, Reinaldo. Como falar corretamente e sem inibições / Reinaldo Polito - 58. ed. - São Paulo : Saraiva, 1998.
Robbins, Anthony. Desperte o gigante interior: como usar o Condicionamento Neuro-associativo para criar mudanças definitivas / Anthony Robbins; tradução de Haroldo Netto e A.B. Pinheiro de Lemos. 11 ed. - Rio de Janeiro : Record, 1997.
Weil, Pierre. O Corpo fala: a linguagem silenciosa da comunicação não-verbal, por Pierre Weil e Roland Tompakow. 58. ed - Petrópolis: Vozes, 1986.

Marcelo Vieira da Silva

Formação em Análise de Sistemas pela FAESA, MBA em Gestão de Pessoas e MBA em Marketing - ambos pela Fundação Getúlio Vargas. Atualmente é gerente de Comunicação e Marketing do Sicoob Espírito Santo. Ministra palestras e treinamentos com temas que transitam de A arte de Falar em Público, Encantando o Cliente, passando por Estratégias de Vendas e Marketing até Motivação. Acumula o cargo de diretor da MVS Comunicação e Marketing. Desenvolveu trabalhos em Tecnologia da Informação na área de gestão e de produtos na Arcelor Mittal e na Vale do Rio Doce. Convidado a apresentar o presidente do Brasil por 4 vezes consecutivas entre outras autoridades pela Petrobrás. Possui trabalhos realizados em todo o Brasil e no Sicoob (Espírito Santo, Bahia, Mato Grosso, São Paulo, Goiás, Minas Gerais e Paraná). Mais de 55.000 mil pessoas já o assistiram.

Contatos:
mvs@marcelovieira.net
www.marcelovieira.net
(27) 8898-9194 - (27) 9971-9194 - (27) 9292-1513

Anotações

18

Leitura Rápida de Pessoas utilizando *SPEED*

Às vezes o tempo é crucial para se tomar uma decisão. Em se tratando de pessoas, isso faz toda a diferença. Descubra como "ler" uma pessoa em segundos

Marco Barroso

Marco Barroso

Certa ocasião estava viajando com minha família pelo interior da Bahia. Escurecia, e nós estávamos ficando com pouco combustível. Vi uma pequena loja de conveniência e um posto de gasolina ao lado da rodovia. Peguei então a saída e diminuí a velocidade para entrar no estacionamento.

Um carro estava parado em frente à loja. Não havia nenhum automóvel abastecendo. Olhei o resto da cena: um jovem usando uma camisa larga entrava na loja, enquanto que dois outros usando roupas semelhantes permaneciam de pé nos dois lados do prédio. Eles não estavam falando um com o outro, mas olhavam nervosamente para a rua.

Você pode chamar de intuição ou simplesmente prática, mas tive uma sensação muito desconfortável. Deveria entrar? Ou eu deveria voltar para a rodovia e dirigir alguns quilômetros até a próxima cidade para encher o tanque? No momento, senti que, provavelmente, estava reagindo de modo exagerado, mas decidi continuar dirigindo. Na manhã seguinte soube pelo jornal local que aquela loja de conveniência havia sido assaltada à mão armada por três jovens.

Decifrar pessoas através do método *SPEED* não é à prova de falhas, mas se você memorizar técnica, aumentará muito a qualidade de suas decisões. Temos cinco etapas no processo: **escanear, podar, expandir, examinar e decidir.**

Utilizar esse método não é tão confiável quanto uma análise refletida e paciente que dá tempo para avaliar todos os detalhes. Lembre-se sempre: quanto menor o tempo que você tiver para avaliar alguém, maior será a probabilidade de cometer erros.

O *SPEED* funciona para o motorista de táxi que precisa decidir que corridas são seguras, para o supervisor que precisa decidir se o operador de um equipamento pesado esteve bebendo, e para o pai que precisa decidir se deixa seu filho numa festa à beira da piscina.

Mesmo que você seja obrigado a ler uma situação com *SPEED*, fique atento para pistas adicionais que possam provocar uma reavaliação de seu julgamento imediato. Se aceitar apressadamente uma carona para voltar para casa e, três quarteirões adiante perceber que o motorista está bêbado, não hesite em mudar sua decisão. Lembre-se: poucas decisões são irreversíveis. Continue testando sua impressão com qualquer informação adicional que seja revelada com o tempo.

ESCANEIE

Inúmeras informações estavam disponíveis para mim no momento em que comecei a sair do posto de gasolina, entre elas: o horário, o tempo, a localização da loja de conveniência em relação às bombas, a posição dos três homens, o modo como agiam, as roupas e o comportamento deles comparado ao que eu esperaria de três jovens que tivessem parado para fazer um lanche ou para beber alguma coisa.

Ser + em Comunicação

Eu não podia avaliar tudo isso nos poucos segundos que tinha para decidir se devia ou não parar. Precisava enxergar a situação do modo mais amplo possível para poder decidir rapidamente qual informação era crítica. Quando você tiver de confrontar uma circunstância assim, primeiro escaneie o quadro inteiro, e depois caminhe das impressões gerais para as mais específicas.

Comece pelo cenário: o ambiente, a localização, o tempo, e outros aspectos físicos da cena. E como se você estivesse olhando para um palco e observasse o cenário e os objetos. Depois passe para os atores no palco. Quantas pessoas estão lá? O que elas estão fazendo? Como estão se relacionando umas com as outras? Considere a aparência física deles, seus movimentos e fala. Se estiver falando com eles, observe suas expressões faciais e tente avaliar o modo como estão se relacionando com você. Enquanto faz tudo isso, esteja atento para qualquer coisa peculiar ou única. Reúna toda a informação que puder do geral para o específico.

PODE

Depois de ter escaneado o palco e os atores, observando a aparência e o comportamento deles, pode a informação de modo a conseguir manuseá-la. Para isso, identifique os itens ou traços que se sustentam. Se você tiver pressa, terá de se limitar a, no máximo, cinco ou seis traços. Se focalizar mais do isso, provavelmente não terá tempo para completar sua avaliação antes de obrigado a reagir.

Antes de saber quais são os traços importantes que compõem sua lista, reflita por um momento na pergunta que precisa responder. Por exemplo, suponha que uma mulher vá a uma festa com amigos que estão disponíveis para levá-la para casa, mas, quase no fim da noite, um homem que ela conheceu na festa lhe oferece uma carona. Antes de aceitar, ela deveria se concentrar em suas preocupações e identificar a informação de que precisa para avaliar o homem.

Se estiver em dúvida se o homem está suficientemente sóbrio para dirigir de modo seguro, ela deverá se concentrar nos sinais de embriaguez. A fala dele está enrolada? A conversa dele é coerente? Quanto ele bebeu? Ele mostra algum sinal de falta de equilíbrio ou de controle motor diminuído? Se ela estiver preocupada com as intenções dele, deveria se concentrar num conjunto totalmente diferente de fatos. Ele tem sido educado com ela até agora? Ela observou o modo como ele tratou outras mulheres na festa? Ele é amigo de alguém que ela conheça? Havia alguma coisa sugestiva em sua linguagem corporal, voz ou palavras quando ele ofereceu a carona?

Quando você precisa tomar uma decisão rápida, precisa também identificar quais são suas principais preocupações e, depois, concentrar-se nos traços que se relacionam diretamente com elas. Nessas circunstâncias, você não terá tempo para examinar tudo cuidadosamente.

EXPANDA

Após ter podado as centenas de informações disponíveis, o próximo passo no processo de ler com *SPEED* é expandir poucos traços que são mais importantes e focá-los. Pense nisso como se você estivesse olhando através das lentes de um telescópio. Ao escanear o ambiente, você viu diversos aspectos que quer ver mais de perto. Agora você foca neles e dá um *zoom*.

Você precisará se concentrar. Espera-se conseguir expandir rápida e claramente os traços-chave. Elimine qualquer distração. Se você sabe que terá apenas um curto período de tempo para ler alguém numa reunião, então desligue os telefones, o rádio ou a TV antes de a reunião começar. Elimine outros pensamentos de sua mente, tais como o que você vai comer no jantar, ou a necessidade de passar na lavanderia a caminho de casa. Feche a porta para que ninguém entre na sala e desvie sua atenção. Mantenha o mesmo foco quando a reunião começar.

Este foi exatamente o processo que usei quando tomei aquela decisão crítica de não entrar no posto de gasolina. Eu tinha apenas alguns segundos para ampliar minha consciência dos fatos-chave que se desdobravam à minha frente. Depois de ter escaneado o ambiente e identificado minhas preocupações, pude podar as centenas de informações e deixar apenas algumas, e, assim, pude focar nas mais importantes. Concentrei-me nos dois jovens de pé do lado de fora da loja de conveniência. Observei a linguagem corporal deles, e a ansiedade que ela transmitia. Era como se o resto do palco, os objetos e até os outros membros da audiência tivessem desaparecido, deixando apenas os atores, que se tornaram o único foco de minha atenção. Nesse processo, os pequenos detalhes do comportamento deles emergiram ainda mais claramente.

EXAMINE

Agora que focalizou e expandiu as peças de informação mais importantes, você precisa examiná-las. Você precisa continuar concentrado. Quanto mais focado você estiver, mais seu exame será preciso.

Procure os desvios em relação ao comportamento normal. Tem sentido três jovens saírem de noite, irem até uma loja de conveniência e não entrarem juntos, mas, em vez disso, um entrar na loja enquanto dois se posicionam como sentinelas? Procure pelos extremos. Qual a distância entre os dois jovens? Eles falam pouco, ou nenhuma palavra? Eles parecem especialmente nervosos ou vigilantes? Existe alguma outra explicação lógica para o comportamento deles?

Sempre pergunte a si mesmo se um padrão indica uma direção específica. Não havia nada de incomum em três jovens entrarem numa loja de conveniência dentro de um posto de gasolina e não colocarem gasolina. Isso acontece o tempo todo. Do mesmo modo, pode não significar nada apenas um deles ter entrado.

Ser + em Comunicação

Talvez os outros dois só quisessem tomar ar. Poderia até não ser incomum que os dois não estivessem conversando — talvez tivessem brigado. Mesmo o fato de estarem olhando para a rua não significava, necessariamente, que estivessem que estivessem fazendo algo errado; eles podiam estar esperando um amigo que estivesse para chegar. Mas junte todas essas pistas, e aparece um padrão claro. Esse padrão específico me disse que havia uma probabilidade razoável de que algo estivesse errado, e eu deveria tomar cuidado.

DECIDA

Você escaneou, podou, expandiu e examinou; agora precisa tomar uma decisão. Se não decidir, e rápido, você corre o risco de que alguém tome a decisão por você.

Quando você estiver utilizando *SPEED* sempre existe uma possibilidade de tomar a decisão errada. Nos casos em que é necessário tomar uma decisão imediata, a margem de erro é muito maior. E, por isso, eu sempre sigo uma regra: se você for errar, erre do lado seguro.

Os engenheiros usam a expressão "projeto seguro nas falhas" para se referir a produtos planejados de tal modo que, se falharem, farão isso de modo que ninguém se machuque. O conceito de projeto seguro nas falhas deveria ser aplicado ao processo de tomada de decisão — especialmente quando você estiver lendo com *SPEED*.

No posto de gasolina, eu considerei rapidamente minhas opções e suas consequências. Se minhas preocupações estivessem corretas e estivesse acontecendo um assalto, eu exporia a mim e minha família a um dano potencialmente sério se entrasse no posto. Minha decisão era fácil. Teria sido mais difícil tomar essa decisão se eu estivesse dirigindo já no fim da reserva de combustível.

É crucial pesar as consequências de uma decisão. O pai que leva o filho para uma festa à beira da piscina pode ficar atento se existe uma supervisão adulta adequada. Ao avaliar a cena, ele pode olhar para ver quantos outros pais estão por perto e se os adultos parecem estar atentos. Ele pode perguntar se as crianças estarão brincando sem supervisão perto da piscina. Depois de ter reunido e pesado toda a informação, a decisão final deverá depender das consequências possíveis. Se ele estiver preocupado, poderá permanecer na festa, especialmente se não houvesse uma forte razão para estar em outro lugar.

Quanto mais importante for a decisão, e mais devastadoras forem as consequências, mais sábio será errar do lado da segurança. Se você não tiver tempo suficiente para eliminar o risco, vá pelo caminho mais seguro. Boas "leituras"!

Marco Barroso

Mestrando em Recursos Humanos e Gestão do Conhecimento (Universidade Europeia Miguel de Cervantes), MBA em Gestão de Negócios (Ibmec), Psicopedagogo, Especializações em Pedagogia Empresarial e Docência do Ensino Superior. Possui altos estudos (nível Doutorado) em Planejamento Estratégico e MBA em Logística e Mobilização Nacional (Escola Superior de Guerra – Ministério da Defesa). Formação em *Creative Problem Solving (State University of New York* – EUA). *Advanced Coach Senior - Post-Master Coach (Behavioral Coaching Institute* – EUA) e *Certified Master Coach (Graduate School of Master Coaches)*. *Certified Hypnotherapist* (American Alliance of Hypnotists) e *Practioner* em PNL (*American University* of NLP). *Certified Reiki Master* (Mikao Usui Reiki Healing Center – EUA). É Professor Universitário, Treinador Comportamental e Consultor Empresarial. Coautor nos seguintes títulos da Editora Ser Mais: *Master Coaches*, Ser + com Equipes de Alto Desempenho, Ser+ com Saúde Emocional, *Coaching*, Ser+ em Excelência no Atendimento ao Cliente, Manual Completo de Hipnose e Manual das Múltiplas Inteligências.

Contatos:
marcobarroso.com.br
Facebook: Mister Treinamento
contato@marcobarroso.com.br

Anotações

19

Resumo do capítulo: a comunicação do bem-estar

Como nos protegermos dos comentários negativos dos outros e da onda de notícias ruins? O que os outros falam conosco ou sobre nós, assim como as tragédias noticiadas pela mídia podem ter uma influência devastadora em nosso bem-estar. Como nos blindar contra esse bombardeio constante de negatividade? Qual é o segredo do bem-estar? A chave para mantermos altos níveis de satisfação pessoal está dentro e não fora de nós. Este capítulo mostra como podemos manter um diálogo interno otimista apesar dos inúmeros desafios apresentados pelos meios de comunicação de massa e pelas conversas de nosso cotidiano

Ômar Souki

Ômar Souki

Procuramos avidamente pelo bem-estar. As empresas sabem disso e adaptam seus produtos para fazer com que, ao usá-los, nos sintamos bem. Respondendo a essa tendência, a Natura criou o seu lema: "bem-estar bem". A Herbalife nos diz: "o futuro promete e eu quero chegar bem lá". O Boticário: "trabalhar é prazer". Disney: "oferecemos momentos mágicos". Os spas urbanos se multiplicam e nos fins de semanas as famílias de classe média se retiraram para hotéis fazenda. Tudo para estar bem, estar de bem com a vida. Mas nada disso funciona sem a comunicação. Que tipo de comunicação? Aquela que acontece dentro da gente. A fonte do bem-estar se encontra dentro e não fora de nós. Por mais que busquemos fora — em produtos de beleza ou passeios no campo — aí jamais encontraremos a excelência pessoal. Produtos ou serviços podem ajudar nessa busca pelo estar de bem com a vida, mas a essência está na comunicação que praticamos dentro de nós, na comunicação intrapessoal. Há também dois outros tipos de comunicação: a que acontece quando falamos com as outras pessoas (interpessoal) e a que atinge um número maior de pessoas (comunicação de massa: jornais, revistas, rádio, televisão, *outdoors*, internet — mídia).

A comunicação intrapessoal é a responsável pela nossa excelência pessoal. Os outros dois tipos de comunicação (interpessoal e de massa) buscam influenciar esse relacionamento que temos com nós mesmos. O que mais nos influencia não é o que os outros dizem, nem o que a televisão nos mostra como modelo de vida, mas sim o que dizemos para nós mesmos. As pessoas e os meios de comunicação de massa nos falam o que desejam que digamos a nós mesmos. Em suma, todos querem influenciar a nossa conversa interna e, na maioria das vezes, conseguem. Permitimos que as outras pessoas e a mídia alterem nosso estado de humor, seja para cima ou para baixo. Isso ocorre de forma sutil e a grande maioria nem se dá conta desse processo de influência, que afeta de forma significativa o nosso bem-estar. Durante o dia, em casa ou no trabalho, somos influenciados pelo que os outros falam com a gente ou da gente. À noite, ao lermos jornais e revistas, ligarmos a televisão ou acessarmos a internet, recebemos mais influência, mais negativa do que positiva. Por isso vemos tanta gente insatisfeita com o que tem: pessoas tristes, deprimidas e desorientadas. A força da influência externa não pode ser subestimada. Uma coisinha que alguém falou com a gente ou da gente durante o dia pode estragar o nosso repouso à noite. Da mesma forma, um programa de televisão, algo que lemos nos jornais ou recebemos pela internet pode ter uma influência devastadora em nosso estado de ânimo.

Ser + em Comunicação

Hoje mesmo li no jornal que o comandante da Guarda Revolucionária do Irã, general Muhammad Ali Jafari, alertou Israel ontem que "nada sobrará" se o país adotar uma ação militar contra o programa nuclear iraniano. "Se Israel nos atacar não sobrará nada de Israel", declarou. Ainda disse: "Diante da pequena extensão territorial de Israel e vulnerabilidade ao grande volume de mísseis do Irã, não acredito que qualquer ponto de Israel ficará a salvo". O conflito no Oriente Médio pode ser o estopim para uma guerra que venha envolver toda a Terra. Uma notícia dessas é motivo de preocupação para todos. Mais tarde, ao entrar em meu e-mail, verifiquei que havia uma mensagem sobre as coisas terríveis previstas para o fim deste ano de 2012: terremotos generalizados, alterações bruscas de temperatura, aquecimento exagerado da água, falta de eletricidade, três dias de escuridão. Mesmo sendo uma pessoa otimista, mesmo procurando estar em oração e meditação algumas vezes ao dia, essas previsões me influenciam. Mantenho uma rotina diária de comunicação positiva comigo mesmo. Busco em cada momento e em cada pessoa ver a Presença Divina e, mesmo assim, a mídia de massa não deixa de me afetar. O que dizer então das pessoas que andam distraídas pela vida, correndo de lá para cá, tentando atender as demandas profissionais e familiares, sem tempo para si? Tornam-se presas fáceis do que os outros dizem ou do que a mídia mostra.

As notícias que relatei são uma pequena amostra do poder de influência da mídia. Temos também de levar em conta a força de insatisfação embutida nos comerciais apresentados na televisão, nos jornais, nas revistas, na internet, nos *outdoors*, nas traseiras de ônibus, etc. São tantos os objetos ansiosos por serem possuídos e as mulheres (ou homens) sedentos por sedução. Tudo se vende. Tudo se compra. Mas nem tudo podemos ou devemos possuir. Nem tudo vai nos trazer a felicidade prometida nas propagandas. Mesmo assim, a comunicação que nos bombardeia do lado de fora é implacável. Como se isso não bastasse, temos ainda de lidar com o que os outros nos falam ou com o que falam de nós — que nem sempre é agradável — e que pode nos irritar mais do que as notícias do fim do mundo. Portanto, a comunicação que vem de fora, na maioria das vezes, não consegue contribuir para nosso bem-estar.

Eckart Tolle, na obra *Em comunhão com a vida* (Editora Sextante-2012), afirma: "uma grande parte da vida de muita gente é consumida por uma preocupação obsessiva com as coisas. É por isso que uma das doenças do nosso tempo é a proliferação de objetos. Seja o que for que o ego busque e a que se apegue, isso é um substituto do Ser que ele não consegue sentir. Você pode valorizar as coisas e se preocupar com elas. Porém, sempre que se prender a esses objetos, saberá que se trata do ego. E nunca estará de fato atado a uma coisa, mas a um pensamento que contém algo como 'eu', 'mim' ou 'meu'. Toda vez que você aceita completamente uma perda, o ego é suplantado e quem você é, o Ser que é consciente de si mesmo, aparece". O autor segue explicando que muitos não conseguem compreender que nada que é exterior, nenhum objeto, jamais correspondeu a quem eles são. Porém, com a proximidade da morte, todo conceito de propriedade se torna irrelevante. É um despertar da consciência, que deve ser buscado antes que seja tarde. De que consiste o despertar? De perceber que, não são as coisas ou as influências externas que modificam o nosso estado de espírito, mas sim os pensamentos que formamos sobre elas ou sobre nós mesmos. As nossas emoções, o nosso bem ou mal estar, dependem dos pensamentos que formulamos, da comunicação que temos dentro de nós, ou seja, de nosso diálogo interno.

Quanto maior for a influência externa sobre nós, mais iremos buscar lá fora a satisfação pessoal ou o bem-estar. Também iremos responsabilizar os outros pelo nosso bom ou mau humor. Foi o que eles disseram ou fizeram que nos fez sentir assim ou assado. Quanto mais distraída estiver a pessoa, mais facilmente os outros ou os meios de comunicação de massa terão influência sobre ela. Ela vai se deixar levar por essa necessidade de ter mais e buscar tudo o que a faça parecer mais do que é. Conheço uma senhora de 70 anos que se esforça para parecer mais jovem. Já realizou vários tipos de operação plástica e se veste como uma adolescente. Isso a faz sentir bem? Sim, mas seu bem-estar é mais curto do que as saias que usa. Depois de algum tempo que fez a operação para tirar as rugas dos olhos, teve de fazer outra para engrossar os lábios. Ela é viúva e se relaciona com homens de sua faixa etária, mas não consegue manter um relacionamento estável, pois não encontra a pessoa certa. Ela não é uma exceção, mas representa o que está ocorrendo não só com idosos, mas com pessoas de todas as idades. Estamos nos deixando influenciar excessivamente pelos outros e pela mídia. A nossa busca pelo bem-estar está indo na direção errada. Não se deve buscar fora algo que já existe dentro de nós. A comunicação é responsável pelo nosso bem ou mal estar. Somos intensamente influenciados pela comunicação que vem de fora. Ela é uma fonte inexorável de insatisfação. As possibilidades diárias de termos contato com notícias ruins e de escutarmos coisas desagradáveis da boca dos outros são enormes.

Ser + em Comunicação

O que fazer então? Como nos blindar contra essa torrente de apelos ao consumo ou contra os comentários maliciosos das pessoas? O melhor conselho já nos foi dado há mais de dois mil anos por Jesus de Nazaré: "vigiem e orem!". Mas, você pode me dizer: "não tenho religião, ninguém me ensinou essas coisas". É mais simples do que podemos imaginar. Vigiar quer dizer: não se deixe influenciar tanto pelo que as pessoas dizem ou pelo que a mídia alardeia. Só isso! Vigiar é se proteger. Qual é a primeira pessoa que você vê na entrada das lojas e dos *shopping centers?* O vigia. Ele está ali para proteger o estabelecimento da entrada de malfeitores. O mesmo devemos fazer com relação à nossa mente. Temos de nos proteger contra a entrada de maus pensamentos. Como? Orando. O que é orar? É manter um diálogo interno altamente positivo. Almejar o melhor para mim, para os outros e para a natureza. Esse orar pode ser feito apenas com a respiração. Cada vez que soprar o ar, sopre tudo que existe de negativo em você. Sopre para longe o medo, a tristeza, a preocupação, a raiva, a culpa pelo que fez ou pelo que deixou de fazer. Depois inspire uma imensidão de amor, de alegria, de leveza, de paz, de satisfação por tudo de bom que já realizou e por tudo de maravilhoso que ainda irá realizar em sua existência. Saboreie o presente como o maior Presente que Deus lhe deu. Viva este momento! Desfrute deste dia como se fosse o último. O que você diria para você? O que permitiria que seus ouvidos escutassem? Onde repousaria seus olhos? O que desejaria que o seu coração sentisse?

Ômar Souki

Otimista e vibrante, Ômar Souki prima pelo seu interesse, dedicação e foco na melhoria contínua das pessoas e das organizações. Ph.D. em comunicação pela Universidade de Ohio, EUA, Souki foi professor na Universidade do Estado de Nova York por dois anos e professor visitante nas Universidades do Texas e de Denver, EUA, e na Universidade de Aston, Inglaterra. Foi professor de *marketing* durante 20 anos na Universidade Federal de Minas Gerais e lecionou no programa de pós-graduação da Fundação Getúlio Vargas. É *master practitioner* em PNL pelo NLP Comprehensive de Boulder, Colorado, EUA, onde participou de seminário com John Grinder, criador da PNL. Colunista da Revista *Ser Mais*, Souki, além de escrever sobre administração e motivação, desde 2008, se dedica a produzir obras sobre espiritualidade, entre elas, Silêncio: plenitude de amor, *O silêncio do coração, Vale do silêncio, Que nada nos perturbe* (Editora Mundial). Sobre administração e motivação publicou 25 livros, entre eles, *Liderança & genialidade empresarial* (Editora Planeta). *As 7 chaves da fidelização de clientes* (Editora Harbra), *Os segredos da motivação* (Editora Elevação), *As incríveis chaves WOW! para o seu sucesso em vendas, Paixão por marketing* (Editora Novo Século). Coautor dos livros *Ser+ Líder, Ser+ em Vendas I e II, Ser+ com Palestrantes Campeões, Ser+ com PNL, Manual Completo de PNL* (Editora Ser Mais).

Contatos:
www.souki.com.br / omarsouki@bol.com.br
(37) 3222 - 8420

Anotações

20

Comunicação com humildade

Comunicar-se é fácil ou difícil? Será que no decorrer dos anos estamos melhorando nossa comunicação? As novas formas de comunicação ajudam ou atrapalham a comunicação interpessoal? Será que todas as pessoas têm algo para acrescentar no processo comunicacional?
É fundamental pensarmos se estamos indo pelo caminho correto e essencial para o sucesso e felicidade das pessoas.
Comunicamo-nos porque temos necessidades pessoais, profissionais e sociais, que passam pelo encontro real com o outro. Relação dialógica, de comunhão para efetiva comunicação

Prof. Rodnei Rivers

Ser + em Comunicação

Prof. Rodnei Rivers

"Ser humano é se umedecer pelas gotas da humildade".
Rodnei Rivers

Neste breve capítulo queremos navegar no tema da comunicação interpessoal, ou seja, falar da troca de informações entre duas ou mais pessoas, que tenha como resultado final o entendimento pleno entre as partes.

Este ensaio surge de um trabalho de mais de 15 anos, ministrando palestras de comunicação e motivação por todo o Brasil. Uma experiência de convivência com milhares de pessoas que, além de assuntos profissionais, compartilharam ideias sobre o seu lado pessoal, familiar e social. E por meio destes testemunhos, conseguimos entender o valor da comunicação sem fronteiras, sem distinção, sem preconceitos, apenas a comunicação aberta a troca de informações. Nestas ocasiões de partilha o que mais marcou estes encontros foi a descoberta que podemos aprender com todas as pessoas, independentemente de idade, cargo ou posição social.

Quero de forma simples, clara e objetiva, falar da comunicação nesta época de tantas revoluções comunicacionais, que no primeiro momento parece, como muitos dizem, "chover no molhado", mas, justamente, a proposta é de fazermos um contraponto e suscitar a pergunta dentro de cada um de nós, que se realmente nos comunicamos bem.

Nos diversos cursos que ministramos, sempre a primeira pergunta após a palestra é como vencer o medo de falar em público. Realmente, em pesquisas foi comprovado que um dos maiores medos dos seres humanos é de fazer apresentações. Diante das indagações apresentamos algumas alternativas durante a exposição, se este medo começou na infância, na escola, no trabalho, e ao retornarmos à pergunta sobre o motivo do medo, a maioria diz não saber a razão. Simplesmente acreditam ser melhor não se expor, evitando, assim, julgamentos, comentários de uma plateia que podem, por muitas vezes, destruir a nossa credibilidade ou nos aplaudir efusivamente. Ou em casos mais simples, em situações cotidianas, de pessoas que preferem não conversar com outras por acharem que vão ser menosprezadas ou humilhadas.

Ser + em Comunicação

Neste processo de comunicação, ora por tantas vezes tão conturbado e complexo, a solução se revela por uma simples expressão: a troca. Que não é pautada no senso comum que reforça que a maior característica de um bom comunicador é falar bastante e apenas uma minoria nasceria com este dom, enquanto aqueles mais tímidos seriam inaptos.

Junto com este aspecto, a prepotência nos leva a pensarmos que ouvir as ideias, opiniões, sugestões, reclamações de quem está ao nosso lado é perda de tempo, ou um ato que não soma nada a nossa vida. Não contemplar as palavras, os gestos, a voz de quem nos quer comunicar algo. E dia após dia, não trocamos informações relevantes, não ouvimos o outro, não olhamos mais nos olhos, não esperamos o momento certo para nos pronunciarmos. Simplesmente nos fechamos ao processo comunicacional por excelência que é o diálogo. A palavra humildade vem do latim *humus* que significa "filhos da terra". Na compreensão popular refere-se a virtude daqueles que não tentam ser melhores que outros ou mostrar a todo momento que são superiores. Aprender é uma das lições mais antigas da humanidade.

Há mais de 2000 anos Sócrates dizia: "só sei que nada sei." Uma frase que carrega na sua essência a complexidade da sociedade de colocar a humildade no centro da sua vida. Que tristeza ver aqueles que pensam que sabem tudo por ter passado horas em bancos de universidades, ou terem lido meros resumos de livros, e até por terem mais anos de vida. O que adianta vivermos durante anos dentro de uma caverna escura? Num trecho de seu poema, o poeta inglês Shakespeare, cita que "um dia você aprende que maturidade tem mais a ver com os tipos de experiência que se teve e o que você aprendeu com elas do que com quantos aniversários você celebrou". Pautado nestas reflexões históricas de centenas de autores, acreditamos que a falta de humildade atrapalha a comunicação, pois deixamos de aprender com as crianças como é bom aproveitar a vida sem preocupações; aprender com o sexo oposto que somos diferentes e o somatório de ideias é melhor que a individualidade; aprender com os idosos a pedir ajuda para vencer as limitações impostas no seu cotidiano por problemas de saúde; aprender com as pessoas mais simples que, as vezes, não é necessário ter tudo que achamos que é necessário para sermos felizes.

Prof. Rodnei Rivers

Ora, o que é notório e comprovado por estatísticas, pesquisas e noticiários é que a sociedade do "bem estar", dos meios de comunicação inovadores, das redes sociais, têm números impressionantes de pessoas depressivas, relacionamentos desgastados, casamentos desfeitos, famílias separadas dentro de suas casas e ainda funcionários estressados, empresas a beira da falência. Além, é claro, sem contabilizarmos os prejuízos financeiros de milhões de reais que não serão detectados, nem mesmo pelos grandes auditores, porque estão ligados aos problemas intangíveis a falta de comunicação autêntica e sincera.

E, finalmente, arriscamos dizer que se comunicar é fácil, basta nos abrirmos à simplicidade. Por exemplo, quando éramos crianças falávamos sem parar com diversas perguntas sobre "o porquê das coisas", chorávamos para comer as guloseimas proibidas, gritávamos para conseguir os brinquedos mais caros, mas, hoje, sentimos tanta dificuldade em nos expressar de verdade, de encontrar a naturalidade do grande comunicador, seja em casa, no trabalho ou na sociedade. Por outro lado, aprendemos a elaborar balanços financeiros, criar planejamentos empresariais, fazer programações estatísticas de alta complexidade, só que temos medo de comunicar e expressar nossos sentimentos para pessoas que, por diversas vezes, anseiam e desejam ouvir de nossa boca palavras de carinho, compreensão e amor.

Ser + em Comunicação

Prof. Rodnei Rivers

Administrador de empresas. Pós-graduado em cultura e meios de comunicação pela PUC. Escritor de 6 livros, dentre eles na 2ª edição o livro "Se ainda houver tempo – O Diário do Protelador "e o livro "Motoristas e Motociclistas Apaixonados". Há mais de quinze anos atua como consultor na área de gestão de qualidade e liderança em dezenas de empresas em todo o Brasil, registradas pelo INMETRO. Também é colunista em revistas especializadas e apresenta dicas em programas de TV. Realizou centenas de cursos e palestras na área de motivação e comunicação para mais de 30.000 pessoas em diversas empresas e entidades.

O palestrante tem sido destaque em todos os eventos e congressos, pois canta e toca violão nas palestras de forma inovadora e dinâmica.

Contatos:
www.rodnei.com.br
contato@rodnei.com.br; rodneirivers@uol.com.br
Nova Palestra SIPAT: www.motoristasemotociclistas.com.br

Anotações

ns
21

A Comunicação Assertiva para o Sucesso em Vendas

Neste artigo discuto sobre a comunicação assertiva como garantia de sucesso em vendas, que além tratar-se de uma importante ferramenta para agregar valor ao processo de vendas, o torna um momento único para informar, influenciar, persuadir e encantar seu cliente, além de potencializar resultados e alto desempenho de equipes. Boa Leitura!

Renato Brasil

Além de entrar em nosso assunto principal é necessário dizer que o que veremos a seguir não é uma técnica de venda, mas a construção de um canal de comunicação assertiva entre os profissionais de vendas e seus clientes.

Logo, quando falamos em construção de um canal podemos ver o processo de vendas como forma de criar relacionamentos mais sinérgicos com clientes, além de melhorar os níveis de aceitação de produtos, serviços, marcas e novas ideias, obviamente esta visão pode colocar empresas e suas equipes de vendas em evidência e melhor posicionadas em relação à concorrência existente no acirrado e exigente mercado atual.

Pronto! Agora é hora de nos aprofundarmos em nosso assunto, então caneta e papel na mão para suas anotações.

O que é Comunicação Assertiva?

Para melhor entendimento, vamos fracionar o termo comunicação assertiva, como segue:

• **Comunicação:** é a habilidade de estabelecer uma relação de troca de informações e conhecimentos que sirvam de base à tomada de decisões, que em nosso caso está ligado às decisões de compra e venda. Esta habilidade pode ser expressada na forma verbal ou não-verbal.

Sendo **Comunicação Verbal** a capacidade inerente à qualidade do que falamos, ou seja, qual resultado gerou a comunicação verbal, como impactamos e somos impactados pelo que falamos e ouvimos já a **Comunicação Não-Verbal** nada mais é do que a capacidade de percebemos e exprimirmos muito mais do que palavras através das expressões corporais, faciais e outros comportamentos necessários para entender melhor as pessoas e ser por elas entendida.

• **Assertividade:** Trata da capacidade em expressar-se da forma mais objetiva possível, além de apresentar clareza e honestidade nos pensamentos e opiniões expressados, sempre com a preocupação em não ferir os valores do outro indivíduo.

Logo, comunicação assertiva trata da excelência nas relações estabelecidas por meio de comunicação, sendo um meio de superação das expectativas tanto de quem vende quanto de quem compra, pois neste nível de comunicação o fechamento de uma venda é a consequência de todo um trabalho de constante troca de informações através da comunicação e sua assertividade que leve o cliente a vivenciar uma excelente experiência dentro de um processo de vendas datado de confiança, empatia, conhecimento, superação e satisfação.

O que é sucesso em vendas?

Antes de entender o que é sucesso em vendas, é necessário compreender que sucesso é a distância entre dois pontos: onde estou e onde quero chegar, logo, qual o caminho a ser construído entre estes pontos e o que pode ocorrer durante a caminhada e se cada acontecimento nos distancia ou aproxima do objetivo desejado.

Ser + em Comunicação

Em seguida é necessário entender que sucesso é visto de forma diferente pelas pessoas, já que os valores intrínsecos de cada ser humano são diferentes e isto afeta diretamente o conceito de sucesso, além do fato de que a régua do sucesso não deve nas mãos do mundo e sim nas mãos de quem busca pelo sucesso.

Assim, sucesso é aquilo que, de forma entusiástica, aplicamos o máximo de esforços para conquistar e que nos traz equilíbrio interno e externo para a construção das relações humanas, onde haja o sentimento de servir aos outros, logo, sucesso é o resultado a ser compartilhado na interação das pessoas, pois dificilmente o alcançamos sozinhos.

Portanto, sucesso em vendas é o resultado gerado pela satisfação e superação das expectativas do cliente naquilo que ele busca e que trará a ele sucesso em algumas áreas de sua vida, assim, o sucesso de uma equipe de vendas reside no que o cliente possui de necessidades para alcançar sucesso ou satisfação de algo que deseja.

O que aconteceu com as técnicas de vendas?

No passado tínhamos grande preocupação com técnicas de vendas que muitas vezes deixavam o processo de venda algo um tanto quanto frio e metódico, todavia, tiveram seus méritos, pois foram as bases para a construção dos novos modelos de vendas, processos de atendimento e fidelização de clientes.

Já pouco lembradas, as técnicas de vendas, passo-a-passo dão lugar a posicionamentos mais estratégicos e naturais com foco em conhecimento e valores intrínsecos dos clientes, assim, ter um processo de vendas em etapas já não é tão importante quanto um processo que seja envolvente e que gere sinergia entre as pessoas envolvidas.

Tal mudança é resultado da criatividade do mercado em criar novos produtos e das exigências dos clientes que se tornaram mais críticos e seletivos em suas escolhas de compra.

Agora, portanto, é necessário que, ao invés de técnicas, tenhamos um caminho mais estratégico para persuadir clientes, criar desejo, interesse, atenção e ação de compra. Quando pensamos assim percebemos que não basta ter diferenciais apenas nos produtos ou serviços, mas é necessário ter uma essência diferenciada que está na habilidade humana de tornar a comunicação em vendas algo que não só seja assertivo como também envolvente e construtivo para gerar experiências que garantam o sucesso em vendas.

Todo este cenário torna os profissionais de vendas mais do que conhecedores de técnicas, já que se faz necessário agora um profissional com profundo conhecimento dos produtos e serviços, relações humanas e mercado.

Uma Ferramenta Prática

Para efetivar o que lemos até agora sobre comunicação assertiva e sucesso em vendas é necessário uma ferramenta que torne o conhecimento dos profissionais de venda em argumentos capazes de tornar a comunicação com o cliente em um momento assertivo que conduza o cliente à decisão de compra.

A ferramenta que utilizaremos chamará **Matriz de Comunicação Assertiva em Vendas.** A ferramenta conta com seis variáveis como vemos a seguir:

1) Características: é tudo que podemos ver em um produto ou serviço, elas geralmente estão ligadas a aspectos técnicos. Um exemplo disto é o que podemos ver no processo de vendas de um carro, onde o vendedor ressalta mais características: vidros elétricos na apresentação deste veículo.

2) Vantagens: é o que faz um produto ou serviço sobressair a outro frente à necessidade do consumidor. As vantagens são percebidas a partir da presença ou ausência de características de algo oferecido ao cliente, no nosso exemplo anterior, a característica vidro elétrico, pode ser uma vantagem competitiva para o fabricante, porém para o cliente que busca um carro com menos opcionais pode não ser uma vantagem. Observe que as vantagens são definidas pelas impressões iniciais do cliente, principalmente quando considerado seu poder de compra, todavia, os profissionais de vendas devem ter a percepção de quem é o cliente para saber se as características apresentadas geram vantagem ou não dentro do processo de decisão de compra.

3) Benefícios: é o resultado da somatória das características e vantagens, logo, é o que realmente possui grande influência na decisão de compra do cliente.

Continuando em nosso exemplo, temos a característica: vidros elétricos que podem gerar vantagens competitivas de um modelo ou marca quando comparado a outro, porém o que vai fazer o cliente comprar um veículo com esta característica, que na percepção de cliente e fabricante gera vantagem competitiva, será o benefício gerado pela característica do vidro elétrico, dentre alguns dos benefícios, podemos citar: segurança, praticidade, comodidade e estilo.

4) Objeções: são os argumentos e questionamentos que os clientes fazem no processo de venda, na busca de sanar dúvidas, obter mais informações que o ajudem a decidir ou mesmo se esquivar ou desistir de uma compra.

Perceba que as objeções, ao contrário do que muitos imaginam, não é sempre a desistência de uma compra, mas pode ser um forte indicador de interesse do cliente.

5) Respostas: são as colocações que profissionais de vendas devem fazer frente às objeções dos clientes. Neste momento é necessário lançar mão de fortes argumentos para tornar a comunicação assertiva e capaz de gerar o processo de venda com sucesso.

Mas, como fazer isto através de respostas?

A resposta é simples, porém nem sempre a vimos ser praticada pelos profissionais de vendas, basta ter total conhecimento das características, das vantagens e dos benefícios, pois nestes pontos estão as bases para as respostas às objeções. Quando não há um argumento de resposta, pode-se usar o *mix* de benefícios para minimizar uma objeção feita pelo cliente.

Vale lembrar que além dos conhecimentos do produto, os profissionais de

Ser + em Comunicação

venda devem ter conhecimento de quem é o cliente e do que ele espera para que se possa apresentar características precisas que gerem vantagens e benefícios, pois no final do processo de venda, o que compramos são benefícios.

6) Âncoras: são palavras que devem estar ligadas aos benefícios oferecidos, elas podem fazer parte do processo de venda na apresentação do produto ou serviço para dar suporte às respostas das objeções, todavia, elas devem ser apresentadas durante a comunicação com o cliente de forma assertiva, ou seja, a palavra-âncora certa para cliente e produto certo.

No nosso exemplo: vidros elétricos, a palavra âncora praticidade pode ser aplicável a um carro de valor popular, porém para um carro de alto padrão a melhor palavra pode ser estilo, design diferenciado ou mesmo segurança.

Ao usar palavras âncoras, deve-se atentar para o impacto que elas causam no cliente, a exemplo, a palavra segurança pode também levar o cliente a reflexões negativas.

Implantando

Para implantar a ferramenta em sua estrutura de vendas é necessário estar disposto a compreender a fundo cada produto e serviço oferecido aos seus clientes, bem como o que o mercado espera, para tanto, pode-se criar uma matriz como a que segue:

Matriz de Comunicação Assertiva em Vendas							
Descrição do Produto ou Serviço								
Quais as expectativas gerais do cliente?								
	CARACTERÍSTICAS	VANTAGENS	BENEFÍCIOS	PROVÁVEIS OBJEÇÕES	RESPOSTAS ASSERTIVAS ÀS OBJEÇÕES	PALAVRAS ÂNCORAS
1						
2						
3						
4						
5						
Observações Importantes							

Sugere-se que a matriz seja desenvolvida juntamente com a equipe de vendas em ambiente propício para que todas as ideias sejam analisadas de forma a preencher uma ferramenta ampla, porém não repetitiva e que sirva de base de conhecimento, treinamentos e reciclagem das equipes, sendo a ferramenta um suporte padronizado para a comunicação assertiva com o cliente.

Lembre-se não basta criar uma ferramenta, é necessário usá-la e em sua criação adotar um posicionamento de cliente, assim, sua visão será ampliada e mais crítica.

Para que a ferramenta se torne prática comum no cotidiano de sua empresa, basta seguir 3 passos: treine, treine e treine sua equipe para que a sua performance seja de excelência frente ao cliente.

Renato Brasil

Palestrante, consultor e *coach* organizacional, certificado em *Personal Professional Coaching* e *Executive Coaching*, membro da Sociedade Brasileira de *Coaching* (SBC), apto a atuar com as mais recentes metodologias na formação de líderes. Graduado em Administração de Empresas e especialista em Gestão de Recursos Humanos.
Idealizador da Planejarh Consultoria, que aproxima pessoas e organizações de seus objetivos, usando metodologias desenvolvidas pelo Behavorial Institute, International *Coaching* Council e SBC.
Criador dos Programas de T&D: Aprendendo a Liderar; Líder Mais; Líder *Coach*; Gestão Estratégica de Vendas; Comunicação de Alto Impacto; Inteligência Social; Gestão do Tempo e Resultados; Planejamento Estratégico de A-Z; Equipes de Alta Performance; Competências Gerenciais; Consultoria Organizacional; *Coaching*: O Sucesso Está em Você; Auditor da Metodologia 5 e 8S's.

Contatos:
www.planejarh.com.br
renatobrasil@planejarh.com.br
(17) 96230183

Anotações

22

Questão de pele

A importância do vestuário na imagem pessoal e como ele influencia a comunicação

Rosana Jatobá

Ser + em Comunicação

Rosana Jatobá

Ela surgiu para esconder as vergonhas, mas hoje em dia revela o íntimo de cada um. A roupa é o sinal instantâneo da autoimagem que queremos exibir.

O arquiteto e artista plástico Flávio de Carvalho ilustra o extremo da tese. Numa tarde de sol de outubro de 1956, eis que o mesmo surge no centro financeiro de São Paulo trajando saias verdes bufantes, pernas peludas, blusa sem mangas, sandália de couro e um chapéu de nylon transparente. Amante do funcionalismo, como os pares de profissão, queria apenas desfilar sua proposta de traje masculino adaptado, segundo ele, ao clima tropical. Mais conforto e alegria para os homens. Abaixo os cinza , as gravatas. Estamos no Brasil. A roupa era elaborada, descreve Gloria Kalil, em seu livro "Chic". Propunha um sistema de ventilação com barbatanas de plástico na cintura e nos ombros, para permitir a livre circulação do ar, evitando o contato com o suor. E ainda oferecia a opção de ser usada com ou sem gola, "para dar apoio psicológico ao contorno do rosto e satisfazer certos recalques." Além disso, o traje era de nylon, tecido de última geração. Moderníssimo. Fazia um barulhinho alegre de celofane, era barato, não amassava, fácil de lavar e secar em poucas horas.

O visionário conseguiu reunir uma multidão heterogênea num mesmo olhar espantado. Ele utilizou todos os veículos de comunicação da época, incluindo a iniciante televisão, e multiplicou a penetração de sua performance. Jamais um artista atrairia tanta atenção.

Flávio quis imprimir, por meio da vestimenta, suas ideias de modernidade. Ideologia estampada. Embora "mal-vestido", estava perfeitamente adequado para alcançar o desafio a que se propunha.

"Quando as pessoas perceberem que a minha nova moda não é só mais alegre, edificante e confortável, como também mais econômica, todo mundo vai experimentá-la. Eu terei libertado a humanidade de uma escravidão deprimente, disse o rebelde com causa à Revista Time.

Manuel Bandeira reconheceu a provocação, mas sentenciou:

"Se tivéssemos juízo e coragem, adotaríamos o traje inventado por Flávio de Carvalho. Como não temos, chamamo-lo de louco e vaiamo-lo."

A menos que você seja Bill Gates , vai causar a mesma estranheza se, na condição de diretor de uma grande empresa, tiver que anunciar um investimento de milhões de dólares, desprovido do dress code. O ruído por substituir os necessários terno e gravata, por uma calça jeans, uma camisa pólo (mesmo que seja Lacoste) e um bonezinho, se converterá num barulho ensurdecedor diante da platéia.

Na visão da grande dama da moda de todos os tempos, a roupa pode ser uma arma poderosa e infalível:

"Vista-se mal, e notarão o vestido. Vista-se bem, e notarão a mulher."

Mademoiselle Chanel revolucionou, não apenas porque libertou a mulher dos trajes desconfortáveis e rígidos do fim do século 19. Mas porque valorizou o senso crítico:

"O mais corajoso dos atos ainda é pensar com a própria cabeça".

Se os tempos modernos desafiam nossas escolhas em nome da Sustentabilidade, invocar a genialidade de Coco Chanel pode ser norteador. Foi o que eu fiz quando recebi um presente, que chegou cheio de recomendações:

- Tenha muito cuidado, guarde-o em lugar fresco e escuro, e, se sujar, leve a um especialista. Esta pele pertenceu à sua avó. É um vison!

Vesti e imediatamente senti o poder de transformação do visual. A peça macia e felpuda de cor castanha tinha a pelagem espessa, brilhante e vistosa. Embora com mais de meio século, mantinha um design atemporal. Envolta na altura dos ombros, proporcionava uma sensação de conforto e proteção. Era a mais perfeita tradução do luxo, o acessório que permitia a metáfora: os diamantes estão para as orelhas, assim como a pele está para o corpo. Chegou o dia de exibi-la. A noite do casamento estava mesmo fria em São Paulo, coisa rara nos últimos invernos. A festa era de gala, num endereço tradicional da cidade, o Jockey Clube. Escolhi um vestido de seda preto, me enrolei no vison e me perfumei, afinal, segundo nossa musa:

"Uma mulher sem perfume , não tem futuro!"

Mas a última olhada no espelho, em vez de glamour, revelava inquietação:

Eu sabia que o animal havia sido morto numa época em que não existia o risco de extinção da espécie. Tinha certeza de que ninguém iria me hostilizar na festa , pois grande parte das mulheres estaria ostentando a sua estola ou casaco de pele.

Possuía o aval da papisa da moda, Anna Wintour, editora da

vogue americana, fã incondicional de peles e uma das responsáveis pela "fur mania" atual, um boom que não se via desde os anos 80.

Tinha, portanto, razões de sobra para usar o bicho, mas nenhuma tão contundente quanto a deixada pelo legado de Chanel:

"A moda não é algo presente apenas nas roupas. A moda está no céu, nas ruas, a moda tem a ver com ideias, a forma como vivemos, o que está acontecendo."

Não poderia ignorar que, se usasse o vison, vestiria a capa da indiferença diante de um mercado cruel e fútil, que não pára de crescer.
De acordo com a Peta (Pessoas pela Ética no Tratamento de Animais), a indústria da pele mata 50 milhões de animais por ano no mundo. Só na China, a produção atingiu números entre 20 e 25 milhões em 2010, ao passo que no ano 2000, oscilava entre 8 e 10 milhões de peles. A organização beneficente invade desfiles de moda e aterroriza as donas do acessório, jogando baldes de tinta para inutilizar a peça. É uma forma de protestar contra os maltratos dispensados aos bichos, que passam suas vidas confinados em minúsculas gaiolas.

Para a extração da pele, são eletrocutados, asfixiados, envenenados, afogados ou estrangulados. Nem todos morrem imediatamente, alguns são esfolados ainda vivos! Em alguns locais, para que as peles fiquem intactas, corta-se a língua do animal, deixando-o sangrar até morrer.
A voz da consciência soprou mais uma vez ao meu ouvido e ouvi o conselho da mestra das agulhas:

"Elegância é recusar."

Abri mão da gostosa sensação térmica da pele morta do vison e fui às bodas.
No salão ricamente enfeitado, a fauna mórbida desfilava à minha frente. Era uma profusão de visons, chinchilas, raposas, zibelinas, cabras e cordeiros. Bichos montados, pendurados, entrelaçados em mulheres superproduzidas. ...e bem agasalhadas.
Toda concessão tem seu preço.
O ar gelado entrava pelas janelas e resfriava até a minha alma, obrigando-me a contorcer os músculos.
Mas toda renúncia, a sua recompensa.

Ser + em Comunicação

O desconforto em pouco tempo desapareceu, quando me senti envolvida pelo calor dos braços de um certo alguém. Como dizia Gabrielle Coco Chanel:

"Uma mulher precisa de apenas duas coisas na vida: um vestido preto e um homem que a ame.

Rosana Jatobá

Rosana Jatobá nasceu em Salvador, em 16 de janeiro de 1971. Iniciou sua carreira como Advogada do Ministério Público Federal, onde permaneceu por 3 anos. Formou-se em Jornalismo e atuou na Televisão como Repórter e Apresentadora da TV Bandeirantes, por 4 anos. Atuou por 12 anos como Repórter e Apresentadora da TV Globo, nos telejornais Jornal Nacional, Jornal da Globo, Jornal Hoje, Bom Dia Brasil, Bom Dia São Paulo, SPTV, Globo Rural Diário, Globo Rural Semanal e Antena Paulista. Cursou Teatro na Oficina de Atores de Nilton Travesso. Tem formacao executiva em cinema e tv, pela Fundacao Getulio Vargas. Apresentou o programa de Sustentabilidade "Um Mundo pra chamar de seu" no canal GNT. Tornou-se Colunista sobre Sustentabilidade no G1, o Portal de Notícias da Globo. É Mestre em Gestão e Tecnologias Ambientais pela Universidade de São Paulo - USP. É comentarista da Rádio Globo sobre Sustentabilidade.

Contato:
(41) 9684 6095

Anotações

23

A arte da oratória como caminho de desenvolvimento pessoal

A arte da oratória é o resultado, em forma de expressão, de um conjunto de elementos que chamamos de comunicação que, quando potencializado por habilidades pessoais treinadas, torna-se uma grande ferramenta de poder.
Vamos nos expressar ainda melhor em público?

Sócrates Vituri

Ser + em Comunicação

Sócrates Vituri

Em minha jornada como facilitador de programas de desenvolvimento, convivo com pessoas de diversos níveis de instrução e com experiências distintas de vida. Mesmo com toda essa diversidade, observo ao escutar *feedbacks* que a grande maioria dessas pessoas apresenta um ponto em comum, a descarga elétrica ou, o popular e comentado, frio na barriga na hora de falar em público. A arte da expressão que chamamos de oratória.

É fato que tendemos a admirar quando presenciamos alguém que se expressa bem em público, alguém que conduz o público de uma forma natural, alguém que encanta o público e, principalmente, alguém que se faz entender perante o público, atingindo seu objetivo como orador.

Você já se perguntou o que difere um bom orador de uma pessoa que não tem essa arte desenvolvida? Será habilidade natural? Será treinamento?

Quando me perguntam se nasci com a habilidade de me expressar em público, sou taxativo em esclarecer que não. Em primeiro, gosto e me sinto bem falando em público e, em segundo, é resultado de muita dedicação e treino. Em minha percepção, o percentual de habilidade natural é de 4% e o de dedicação e treino é de 96%.

De uma maneira semelhante ao desenvolvimento de habilidades, como aprender a falar quando criança, aprender a escutar, distinguindo os diferentes sons e aprender a andar, a arte da oratória pode ser um desafio e um profundo processo de desenvolvimento pessoal, que permite autoconhecimento e superação de limites internos. Vamos percorrer alguns passos desse caminho juntos?

Autoconhecimento, por meio da ferramenta da oratória, é estar aberto a conhecer algumas estruturas que podem potencializar a comunicação como um processo para ser efetivo frente a desafios.

Apresento três estruturas que são um convite ao autoconhecimento.

Comunicação geradora de condicionamento ou de responsabilidade

Deriva de estudos da programação neurolinguística e do *coaching*. A grande maioria das pessoas pode apresentar em sua fala cotidiana uma linguagem que pode ser geradora de condicionamento ou geradora de responsabilidade.

A linguagem geradora de condicionamento é expressa por palavras como: preciso, tenho que, devo. Ou pode também aparecer em expressões autoafirmativas como: eu preciso, eu tenho que, eu devo.

Lendo essas palavras, elas se parecem inofensivas, porém são palavras que, quando autoafirmadas diariamente, se transformam em geradoras de condicionamentos emocionais. Na grande maioria das vezes em que são utilizadas, deixam uma sensação de estar em dívida com algo. Costumo brincar que a cada vez que você utiliza uma dessas palavras, você se dá de presente em seu dia a adição de um peso emocional correspondente a um saco de 100kg de cimento.

Por outro lado, temos a linguagem geradora de responsabilidade, que é expressada por palavras como: quero, vou, faço, escolho, posso. Ou pode aparecer em expressões autoafirmativas como: eu quero, eu vou, eu faço, eu escolho, eu posso.

Quando você utiliza essas palavras de responsabilidade, você se atribui uma responsabilidade que tem como consequência natural uma ação, tornando-se agente de sua própria história e existência.

GERADORA DE CODICIONAMENTO	GERADORA DE RESPONSABILIDADE
EU PRECISO ...→	EU QUERO ...
	EU VOU ...
EU TENHO QUE ...→	EU FAÇO ...
	EU ESCOLHO...
EU DEVO ...→	EU POSSO ...

Comunicação assertiva

Comunicação assertiva significa utilizar as palavras certas dentro dos contextos certos, de forma que se mantenha a coerência entre o que está comunicando. Escuto, com certa frequência, algumas pessoas utilizarem a palavra "acho", e confio que você certamente já tenha escutado a expressão "quem planta acho, colhe talvez" ou "quem acha algo não chega a lugar nenhum".

A palavra "acho", quando utilizada, expressa uma interpretação pessoal sobre um fato ou situação ocorrida, e nem sempre essa interpretação é coerente com o fato real, pois já vem precedida de conceitos, valores e crenças de quem a comunica.

É possível escolher utilizar palavras mais assertivas e mais eficientes em contextos específicos, tornando sua comunicação mais efetiva quanto ao resultado a ser atingido. Vejamos algumas sugestões:

Penso: a palavra "penso" pode ser empregada em expressões acerca de sua opinião e percepção a respeito de algo. Exemplo: "Eu penso que este artigo lhe ajudará a ser um melhor comunicador".

Confio: a palavra "confio" pode ser empregada quando você expressa confiança sobre algo ou alguém. Exemplo: "Eu confio que você fará o melhor proveito da leitura deste artigo".

Acredito: a palavra "acredito" pode ser empregada quando você expressa o acreditar na capacidade de outra pessoa. Exemplo: "Eu acredito que você será capaz de fazer o melhor proveito para o seu cotidiano depois de ler este artigo".

Creio: a palavra "creio" pode ser empregada quando você expressa crença sobre algo ou mesmo alguém. Exemplo: "Eu creio que este artigo pode lhe auxiliar a ser ainda melhor em comunicação".

Tenho certeza: a expressão "tenho certeza" pode ser empregada quando você expressa plena afirmação sobre algo ou sobre alguém. Exemplo: "Eu tenho certeza que este artigo vai lhe beneficiar na área de comunicação".

ACHO → PENSO
CONFIO
ACREDITO
CREIO
TENHO CERTEZA

A mudança na utilização destas expressões pode ser significativa para sua assertividade na comunicação.

Comunicação com foco positivo

Ouço diariamente as pessoas comunicarem o que não desejam (foco negativo), ao invés de comunicarem o que desejam (foco positivo). Entendo essa área da comunicação de forma bem simples: se você comunica o que você não quer, o resultado é, e será, o que você não quer.

Penso que a grande maioria das pessoas são condicionadas a manterem esses padrões de comunicar o que não desejam, pois essa é uma linguagem cultural presente no cotidiano, estimulada e veiculada por mídias em geral.

Abaixo apresento alguns exemplos:

FOCO NEGATIVO	FOCO POSITIVO
Não se esqueça de apagar a luz	Apague a luz
Não feche a porta	Mantenha a porta aberta
Não se atrase	Chegue no horário
Não se esqueça	Lembre-se

Escolher comunicar positivamente torna a comunicação mais objetiva e com resultados focados naquilo que se deseja.

Ser + em Comunicação

A arte da oratória, que compreende as três estruturas apresentadas acima, entre outras, é também uma grande ferramenta de superação de limites internos, de crescimento de desenvolvimento pessoal contínuo.

Ser um bom orador não é simplesmente falar bem em público e sim, antes de tudo, comunicar-se bem consigo mesmo. A comunicação e habilidade externa são resultado de uma comunicação interna.

Quando pergunto a algumas pessoas o que elas dizem a si mesmas antes de estarem em público, as respostas são: "será que estou bem vestido?", "será que vão me analisar?", "será que vão perceber isso ou aquilo?", "será que vai me dar um branco?". O resultado desses pensamentos é evidenciado por reações indesejadas como suor nas mãos, tremedeira, calafrios e sensação de estar exposto.

Uma vez que essa comunicação é feita por pensamentos, quanto mais pensamentos positivos você tiver a respeito de si próprio, melhor será. Conhecer suas capacidades e habilidades, estar consciente das mesmas podem ajudá-lo a manter-se mais seguro ao falar em público.

Outro aspecto essencial que percebo na arte de falar em público é a energia com que atuamos. Existem pessoas que se apresentam de forma apática, sem expressão corporal e sem potencializar a tonalidade da voz. Quanto mais você demonstrar sua energia vital em público, mais o público sentirá sua vibração de vida e se permitirá absorver aquilo que você tem de melhor a transmitir. Realizar esse processo é um desafio de romper limites, é treino, e é querer apresentar ao mundo sua individualidade como ser único e dotado de potencialidades.

Unindo todas essas ferramentas apresentadas acima a uma postura corporal ereta, de quem se sente digno de estar presente em público, você terá a possibilidade de transformar a comunicação em uma poderosa ferramenta de poder por meio da oratória.

Lembre-se: habilidade se desenvolve com treino, aproveite as oportunidades de falar em público.

Sócrates Vituri

Diretor da Sócrates Vituri | Desenvolvimento Pessoal & *Coaching*. Especialista em Gestão Estratégica de Pessoas, *Practitioner* em Programação Neurolinguística com certificação segundos padrões da Sociedade Brasileira de Neurociência, *Master Practitioner* em Programação Neurolinguística com certificação reconhecida pela *American Board of Neuro- Linguistic Programming, Trainer* em Programação Neurolinguística com certificações segundos padrões da International Association of NLP Institutes, Formação em *Coaching* com PNL, Formação em *Life Coaching* e *Coaching* de Desenvolvimento com PNL segundo os padrões ICF *(International Coach Federation)*. É docente em cursos de Pós – Graduação (MBA) e Extensão.

Contatos:
www.socratesvituri.com.br
socrates@socratesvituri.com.br
Facebook: Sócrates Vituri
(41) 3078 6065
(41) 9684 6095

Anotações

24

A Comunicação na Prática Jurídica

"Conhecer é ver com clareza os objetivos que estão ao nosso alcance e estar firmemente determinado a realizá-los, custe o que custar. Não há barreiras que possam impedir a realização das minhas possibilidades."
(Frei Anselmo Fracasso)

Vera Lucia Oliveira de Almeida

Ser + em Comunicação

Vera Lucia Oliveira de Almeida

A COMUNICAÇÃO NO PROCESSO DO CONHECIMENTO

A linguagem social veiculada pela Língua, através da fala, cria a linguagem individual, que participa da linguagem coletiva, sendo a única função orgânica que o indivíduo reparte democraticamente com o restante da população, que em forma de Língua passa a ser atividade humana "comunizada".

A palavra é o instrumento de trabalho dos Operadores de Direto, tendo o conhecimento do Código Linguístico como facilitador para interpretação e aplicação do Código de Leis.

Para elaboração de um discurso convincente, faz-se necessário o bom emprego da palavra, o conhecimento do seu campo semântico e paradigmático, as pausas e tonicidade das sílabas, pessoas do discurso, a importância da comunicação e a forma como se processa a construção dos textos, observação do contexto, sequência lógica de ideias e outras maneiras de utilização da linguagem para aplicação do Direito, além dos conhecimentos técnicos exigidos por lei.

Algumas Expressões Linguísticas, demonstrativas de Causa e Efeito, Antecedente e Consequente, Ativo e Passivo e outras, são utilizadas na caracterização do ilícito, dos agentes, da materialidade e localização dos atos e fatos que contradizem as normas nas relações sociais e jurídicas.

Normas estas que regulam o comportamento do homem na sociedade e atravessaram os tempos através da Dialética e chegam até nós, abrangendo a realidade como um todo e como um todo procuram desvendar o significado das palavras, assim como os fatos sociais, na leitura dos relatos da vida humana, processados pela **Comunicação,** que é o entendimento.

O homem consciente de suas limitações sente necessidade de se agregar para garantir sua sobrevivência, tendo o Conhecimento Natural, Informal, quanto o Conhecimento Científico, Formal, passados través da Linguagem.

Linguagem, atributo universal do ser humano, evidencia-se natural e silenciosamente no cérebro de cada um, através do pensamento, tornando-se estoque de conhecimentos sociais individualizados no Código Linguístico, podendo ser expressos ou não. Não é nata e não se estabelece de imediato, apreendida de forma evolutiva, passa por diversas fases, iniciando pela pré-linguística, de sons reflexos como o choro, o grito e outros, evoluindo gradativamente, conforme estímulos exteriores.

A **Fala**, movimentos fono-articulatórios provindos do arcabouço neural, cortical e sub-cortical, localizados no cérebro humano e prontos para recepção de mensagens que serão arquivadas, sendo fundamental

Ser + em Comunicação

o desenvolvimento e o amadurecimento da coordenação motora, simples e complexa.

A COMUNICAÇÃO NO PROCESSO DE CONHECIMENTO - PRÁTICA JURÍDICA

O **Processo do Conhecimento** assemelha-se ao **Processo de Conhecimento**, ambos têm por objetivo a cognição, o primeiro, conhecimento do mundo e o segundo, instrumentado no primeiro, conhecimento dos fatos, dos atos da humanidade, através da valoração selecionada, do sensível perceptível.

O fato real, concreto, é abstraído, aos olhos do espectador do fato ou ato, que recebe e o filtra, conforme sua visão de mundo, repassando-o na sua forma de interpretação e expressão ao receptor, que da mesma forma, segundo seus valores e razões lógicas, recebe a mensagem e a decodifica.

É a interseção do **mundo real** no **mundo das ideias**, ou seja, é o **processo de comunicação na interseção do eu no outro e do outro em mim.**

Assim como as relações sociais, a Jurisdição se pauta em fatos presentes para **dizer o direito**, a abstração concretizada através dos relatos em processos, os quais necessitam de motivação, aos autos, para sua movimentação em juízo, ou seja, comandos para procedimentos, não esquecendo que *"para cada direito há uma ação...."* (CC), e que a tutela jurídica não se dá na inércia das partes. O direito é mérito de quem o tem e a possibilidade do pedido está na legitimidade e na ação.

A Programação Neurolinguística é ferramenta valiosa na interpretação e construção do discurso dos Operadores de Direito, vejamos:

POSIÇÕES PERCEPTUAIS

Posições Perceptuais são pontos de vista entre **o eu** e **o outro,** que, ao serem utilizadas na **comunicação**, evidenciam a multiplicidade de ideias e enriquecem o "mapa" dos comunicadores.

Aquele que é capaz de enxergar sob vários ângulos terá mais facilidade de captar e transmitir mensagens, inclusive mensagens subliminares, na utilização de palavras com vasto e significativo campo semântico.

São elas:

1ª. Posição: é o ponto de vista do eu, autor da fala ou discurso e da mensagem que experimenta situação de forma consciente.

2ª. Posição: é a perspectiva do outro, "visita" temporária do outro em mim, com objetivo de captar informações, que leva o eu ao sair da primeira posição e entrar na segunda. Ressaltando que sempre há uma intenção positiva por trás dos comportamentos e que em segunda posição, você pode descobri-las e também avaliar a eficácia e a adequação, além dos "links" que em seu discurso estará deixando aberto para interação.

Na troca de posições, você no lugar do outro, estará acessando pensamentos, percepções e sentimentos de outra perspectiva as quais lhe darão a oportunidade de se expressar como outro diante de você mesmo e ao sair da segunda posição lhe permitirá guardar as sensações e informações obtidas e voltar a sua posição inicial.

3ª. Posição: em terceira posição, você não é o eu nem é o outro, a quem se fez referência no circuito da interação, você não é ninguém especificamente, apenas transporta para o circuito informações de ambos que farão ou não, gerar a interação e o equilíbrio. Nesta posição você falará sobre "eles" dois. (Modelo S.O.A.R.)

4ª. Posição: transcende a matriz do Modelo S.O.A.R, surge a síntese de todas as outras posições, abrangendo as pessoas do sistema, é o "nós", visão geral ou comunitária do ponto de vista levantado.

Orientações para um discurso objetivo e convincente

Falar com objetividade significa falar o que é preciso em poucas palavras e em menor tempo:
1. Delimite o assunto;
2. Selecione os argumentos importantes;
3. Não repita argumento;
4. Conte qual é o assunto;
5. Esclareça para qual problema pretende encontrar solução;
6. Apresente a solução;
7. Use ilustração;
8. Seja breve na introdução;
9. Seja breve na conclusão;
10. Pareça objetivo, ser objetivo é importante, mas parecer é muito mais, é falar pouco mas dizer tudo o que se pretende.

Dicas:
1. Conte uma história de vida para ilustrar no início;
2. Prometa ser breve e cumpra a promessa;
3. Não encerre sem concluir o assunto, pois os discursos abertos dão margem a conclusões adversas às suas;
4. Em caso de competição, para escolha ou eleição, se possível seja o último a proferir o seu discurso, esteja atento e anote os pontos-chave dos antecessores e construa seu discurso ou defesa em cima dos argumentos apresentados pelo concorrente;

Ser + em Comunicação

5. Procure conhecer bem o assunto, dissipando todas as dúvidas;
6. Informe-se sobre o público-alvo a que se destina, faixa etária, usos e costumes, escolaridade, intenções, necessidades e outras;
7. Informe-se das funções ou atividades para o cargo a que pleiteia;
8. Apresente-se adequadamente vestido para passar uma boa imagem;
9. Evite gírias, palavras chulas e de baixo calão em seu discurso;
10. Observe ainda a utilização das palavras corretas, de conhecimento do público-alvo, pronunciadas com uma boa dicção, em tom adequado, volume audível, sem exagero, campo semântico abrangente, sem repetições desnecessárias.
11. Fale do que pode realizar e não do que o outro deixou de fazer ou não poderá cumprir;
12. Se citar alguém ou algum fato, veja a credibilidade desta pessoa e a veracidade do fato e se estes servirão de reforço positivo ou negativo.
13. BOA SORTE!

Vera Lucia Oliveira de Almeida

Graduada em Língua Portuguesa e Literatura Brasileira, pós-graduada em Língua Portuguesa, advogada, conciliadora com atuação no Juizado Federal Especial de Pequenas Causas, no Estado do Espírito Santo. Master practitioner em PNL, consultora de imagem com certificação internacional, contadora de histórias, pesquisadora e palestrante na área de comunicação, linguística, semântica, neurossemântica e neurociência fonética, tendo trabalhos escritos sobre os temas fenomenologia da linguagem regional, ideologia da linguagem jornalística, comunicação e expressão em artes, comunicação na prática forense e a importância da literatura infantil no desenvolvimento emocional da criança.

Como professora, atuou na educação infantil e no ensino médio profissionalizante. Dirigiu o Centro Interescola Áttila de Almeida Miranda durante 10 anos.

Contatos:
(21) 2553-2807/ (21) 9833-6162
vrlcoalmeida@hotmail.com

Anotações

25

Comunicação: Reflexões, Pensamentos e Práticas Parte. I

Comunicação não é uma só teoria (até porque existem múltiplas interpretações e todas interligadas, complementares) e, portanto, o que passo a expor é para mim uma síntese (quase) linear de encadeamento de estudos sobre o assunto

Wagner Galletti Valença

Ser + em Comunicação

Wagner Galletti Valença

Entendo que é uma visão atual da Torre de Babel e sua explicação mística das diferentes línguas. Não se trata só de falarmos línguas diferentes, mas de levar em conta a premissa de que **comunicar é fazer-se compreender** e assim refletir sobre alguns dos múltiplos aspectos que foram estudados e constituem a magia do próprio ato de comunicar-se e reconhecer mais amplamente o fenômeno desse ato. Não pretendo ser "o expert" em teorizar, mas fundamentar meu pensamento em teorias que mentes brilhantes me deram a condição de concluir pelo que chamo de Torre de Babel. O que quero deixar registrado é minha leitura atual do que entendo o *que* e *como* os grandes pensadores, teóricos e estudiosos deixaram de legado não só para mim, mas para minha geração e todas as demais que convivem no mundo atual. Estudos que também podem contribuir com as pessoas na compreensão do chamado conflito de gerações. Acredito mesmo que quero mais é provocar interesse nos outros em conhecer mais sobre o tema (e ,certamente,existe muito mais) para se comunicarem mais plenamente (onde for possível).

A palavra "comunicar" vem do latim "communicare" com a significação de "pôr em comum". Comunicação é convivência; está na raiz de comunidade, agrupamento caracterizado por forte coesão, baseada no consenso espontâneo dos indivíduos. Consenso quer dizer acordo, consentimento, e essa acepção supõem a existência de um fator decisivo na Comunicação humana: a compreensão que ela exige, para que se possam colocar, em "comum", ideias, imagens e experiências.
(...) Seu grande objetivo é o entendimento entre os homens. Para que exista entendimento é necessário que se compreendam mutuamente indivíduos que se comunicam (PENTEADO, 1982, p.01).

Conforme Lasswell (1971), a comunicação é "agente de ação, integração, formação e construção". Se considerarmos o âmbito das organizações, verifica-se que por meio da comunicação, os indivíduos se predispõem ao relacionamento e dessa forma instituem uma ligação direta de lugar com o ambiente organizacional.

É é através dessa dinâmica que são (re) estabelecidas as relações.

Sem grande novidade esta constatação, mas algumas técnicas são primordiais para termos segurança de que o que comunicamos seja compreendido, da forma como precisa ser. Seja para comunicar boas ou más notícias. E para isso é necessário estabelecer, em princípio, a **empatia**: "colocar-se no lugar de outra pessoa, a fim de compreendê-la melhor e responder de forma solidária, de acordo com as circunstancias. Não só para compreendê-la, mas também para identificar a melhor forma de estabelecer um processo comunicativo.

Ser + em Comunicação

Já para Edgard Morin (1991), a comunicação é um processo complexo e dinâmico que não reduz a incerteza, mas sim, orienta o improvável. Com isso, nem tudo que se apresenta é mensurável e sistematizado, ou seja, a comunicação acontece a todo o momento, envolvendo fatores tangíveis e intangíveis nas interações humanas (Tassiara Baldissera Camatti).

Este pensamento de Morin, um dos idealizadores da Teoria da Complexidade, quando associado a outros estudos de pensadores modernos, considera as incertezas, incoerências, contradições, entre outros fatores, como parte da vida e das pessoas e indica a religação dos seres e dos saberes (e eu compartilho essa crença, senão constatação) através da ética e solidariedade. Para mim, aqui começa a Cultura da Paz, sobre o que falarei mais à frente sua ligação com a comunicação.

Fatores que devem ser considerados para uma comunicação ter como fim o bom entendimento e que, de maneira clara, fortalece a Teoria da Complexidade:
- CULTURAIS: cultura, subcultura, classe social.
- SOCIAIS: grupos de referência, família e seus papéis, status.
- PESSOAIS: idade, estagio no ciclo da vida, experiências, estilos de comportamento, ocupação e circunstâncias econômicas, níveis educacionais, personalidade, auto-imagem.
- PSICOLÓGICOS: motivação, expectativas, valores, percepção, crenças, níveis de maturidade.
- ATITUDINAIS: emoções, comportamento manifesto, interesse, estresse.

Considerando essas incontestáveis diferenças confirma-se uma das definições de Morin: *tudo está ligado em tudo.*

E a comunicação permeia tudo e todos.

**"Não sou daqueles que têm uma carreira, mas dos que têm uma vida (...)
Edgar Morin"**

Outro grande provocador (fazendo pessoas repensarem conceitos, mas não os desmerecendo e sim os complementando) é o modelo transformador do que Zygmunt Bauman, sociólogo polonês, conceitua e propõe como reflexão em sua obra Modernidade Liquida e a fragilidade das relações humanas, entre outras publicações de sua vasta bibliografia.

Não devemos deixar de reconhecer o mérito das novas tecnologias na difusão de informações que são comunicadas on-line (tecnologia quase seguindo os mesmos fluxos e passos da evolução das espécies).

Lidar com essa massa de informações é o grande desafio da construção das relações do futuro e da forma de se comunicar. Cada vez mais nos vangloriamos da nossa network como, por exemplo, ter milhões de amigos/contatos (entre outros no Facebook, LinkedIn), porém, sem que os laços humanos acompanhem esta mesma dinâmica. Essa transformação vai exigir esforços de todos, gerações anteriores, atuais e futuras para que encontrem fórmulas de redefinir os caminhos da própria comunicação.

Isso não invalida o que expus até aqui e nem o que vou propor de reflexão.

Baumann coloca um dos seus pensamentos considerando a ambivalência da vida: liberdade e segurança. Precisamos dos dois e ainda não se descobriu o equilíbrio perfeito (será que um dia encontraremos?). Para se sentirem seguras as pessoas abrem mão de um pouco de liberdade e se querem se sentir mais livres abrem mão de alguma segurança. *Segurança sem liberdade é escravidão e liberdade sem segurança é o caos.*

Da Cultura da Agressividade à Cultura da Paz através da Comunicação

Podem-se verificar vários esforços sendo feitos nas comunicações para sairmos da (1)Cultura da Agressividade (nos grandes centros é onde isto é mais percebido) para a (2)Cultura da Paz.

Sobre o primeiro (1) alguns estudos mais incisivos para reverter a Cultura da Agressividade, estão propostos no livro **Conversas Decisivas (Kerry Patterson, Joseph Grenny, Ron McMillan e Al Switzler)** que indica caminhos para agirmos menos instintivamente e mais racionalmente e mostra algumas razões para que a Cultura da Agressividade se manifeste: achamos que o comportamento do outro pode afetar, controlar, determinar nossas ações; negamos a responsabilidade das nossas ações; somos motivados pela culpa e temos o hábito de nos sujeitar às ameaças/exigências dos outros ou qualquer forma de manipulação; usamos uma linguagem analítica e moralizadora que veicula juízo de valor; não sabemos exprimir os nossos sentimentos; não possuímos vocabulário suficiente para descrever o que se passa dentro de nós e assim, procuramos sempre achar motivos para construir histórias que justifiquem nossas ações e consequente comportamento e comunicação envolvidos nas situações que vivemos. Essas ditas histórias são nossas interpretações dos fatos, como por exemplo:

- você se lembra de, principalmente em grandes cidades, estar em um congestionamento no trânsito? Nunca aconteceu de você acelerar para que um "espertinho" não passe à frente do seu carro?

Pergunto: você parou para pensar na possibilidade do outro estar com uma urgência tão séria que o levou a ter a atitude de ultrapassar você (doença na família, reunião decisiva, ou outra razão válida) que justificasse o ato dele? Provavelmente não, pois a história que você construiu (a do

espertinho) justifica a ação que você tomou. E não quero com isso dizer que não existam os "espertinhos", mas que tal parar para pensar antes de uma decisão como esta onde assumimos papéis e nos sentimos:
- VÍTIMAS: **(quer passar na minha frente)**
- VILÕES: **("espertinhos"; comigo não!)**
- INÚTEIS: **(não há nada que eu possa fazer! O mundo é assim mesmo)**

Histórias são elaboradas por que: **elas se combinam com a realidade; elas nos inocentam; nos impedem de reconhecer nossos próprios erros.**

E o resultado que obtemos é que afastamos os outros de nós ou não ajudamos os outros a nos respeitar, levando-os a agir por medo, constrangimento, baixa auto-estima, razões que podem derivar para a continuidade da comunicação violenta, na minha interpretação.

Este estudo de Conversas Decisivas destaca que para falar honestamente, sem ofender alguém, temos de encontrar uma forma de preservar a segurança, ou seja, aprender a misturar três ingredientes: confiança, humildade e aptidão. É o principio do que falaremos em comunicação não violenta.

Para detectar quando uma conversa se torna decisiva, permaneça atento aos sinais provocados pela conversa (tanto nos outros como em nós próprios), que podem ser físicos (frio no estomago), emocionais (amedrontados, magoados ou irritados começando a reagir ou a reprimir estes sentimentos) Para algumas pessoas o que aparece primeiro são os sinais comportamentais (eles se reconhecem alterando a voz, apontando o dedo ou mantendo o silêncio. Este é o momento de manter controle emocional e iniciar o processo da comunicação não-violenta. Só assim é possível medir o risco de prender-se ao silêncio ou tornar-se agressivo. No livro, os autores sugerem as ações a seguir como forma de tratar essas conversas com uma comunicação mais eficaz:

Observe seu comportamento
Entre em contato com os seus sentimentos
Analise sua historia
Retorne aos fatos
Preste atenção às histórias elaboradas – histórias de vítima, vilão e inútil encabeçam a lista.

O mesmo princípio de parar e pensar pode ser um caminho para desenvolver a Cultura da Paz, através de Comunicações Não-Violentas (um bom material para saber mais a respeito é o trabalho de Marshall Rosemberg proposto no seu livro Comunicação Não-Violenta). Algumas considerações a respeito serão citadas na parte II deste artigo.

Wagner Galletti Valença

Cursou Administração de Empresas e aperfeiçoou sua formação com *Developing Management Skills,* Management Excellence – Certificação Citibank Training Center – St. Louis – *MI, Presentation Skills-Communispond,* Gerenciamento Integrado – Bogotá, Gerenciamento de Risco – San Juan, Porto Rico, *Managing People e People Business* – Citibank, Comunicação, Negociação e Vendas com Neurolinguística – ABPNL. Atuou na área financeira por 27 anos, culminando sua trajetória como Vice-Presidente Residente em RH no Citibank.

Criou a Inmind Produção de Imagem e Treinamento, em sociedade com dois outros profissionais, com a qual mantém vínculo de parceiro. Atua hoje como consultor autônomo para vários clientes em vários ramos de atividades, tanto individualmente quanto como associado a outras consultorias, em projetos de treinamentos comportamentais (criação, desenvolvimento e aplicação) no Brasil, Argentina, Uruguai e Colômbia. Coautor dos livros: *Ser+ com Equipes de Alto Desempenho, Ser+ em Gestão do Tempo e Produtividade e Ser+ em Excelência no Atendimento.*

Contatos:
wgv@terra.com.br
(11) 3666-1286 / (11) 9628-1371

Anotações

26

Comunicação: Reflexões, Pensamentos e Práticas Parte. II

Aprender a alinhar as necessidades de cada um e compartilhar as nossas quando estamos nos expressando são elementos que auxiliam a comunicação não-violenta a alcançar seu propósito: diálogo!

Wagner Galletti Valença

Wagner Galletti Valença

PRESSUPOSTO BÁSICO DA COMUNICAÇÃO NÃO-VIOLENTA:

Atrás de tudo que uma pessoa diga existe uma razão, uma necessidade (apesar de isto não significar que precisemos gostar do que foi dito). Aprender a alinhar as necessidades de cada um e compartilhar as nossas quando estamos nos expressando são elementos que auxiliam a comunicação não-violenta a alcançar seu propósito: diálogo!

Para relações saudáveis e comunicações efetivas é importante:

• Estar mais consciente de si mesmo antes de começar a se comunicar com outra pessoa e estar predisposto a não prejulgar comportamentos;
• Estabelecer empatia com os outros para entender suas razões.
• Expressar-se de modo aberto e honesto, transmitindo ou buscando informações concretas sobre o que leva as pessoas a agirem como agem.
• Manter controle emocional e não entrar em jogos psicológicos (não reagir como o outro possa estar esperando que reaja. Se entrar no jogo, fica difícil sair dele e incentiva o outro a continuar "fazendo o jogo"). Um exemplo de jogo: se na escola ou no trabalho colocarem um apelido em você e você dar pistas de que se incomodou e reagir negativamente, o apelido "pega".

- **AFIRMAÇÃO 1:** Ninguém nos irrita. Nós nos irritamos. Nós e apenas nós criamos as nossas emoções.
- **AFIRMAÇÃO 2:** Assim que criamos nossas emoções temos apenas duas opções...dominá-las ou sermos dominados por elas. Ou encontramos uma forma de superá-las ou nos tornamos reféns delas.

A comunicação não-violenta (CNV) serve para conectar-se consigo mesmo e com outras pessoas de modo mais completo e profundo, em empatia legítima, para resolver conflitos, engajar as pessoas em torno de uma emoção central, seja ela alegre ou triste.

Uma boa frase modelo para se lembrar em situações envolvendo raiva é: "Você está com raiva por quê está pensando ___?" A raiva é disparada por pensamentos, como "Eu acho que mereço mais respeito".

Na comunicação não-violenta, as necessidades não representam coisas que você-**tem**-que-ter-senão... Não é uma desculpa para dizer, "você tem que fazer isto, porque é a *minha* necessidade.

Em uma situação altamente emocional, mostrar empatia por um sentimento muitas vezes traz a tona mais sentimentos, muitos deles negativos. Quando isto acontecer, continue com a empatia.

Ser + em Comunicação

Ao tratar com pessoas iradas que possam estar sentindo que suas necessidades...não necessariamente os desejos...não estejam sendo atendidas, ou mesmo, compreendidas, tenha em mente estas sugestões:

• Permaneça calmo e seja objetivo e não tente argumentar logo de início; ouça o seu interlocutor sem interrompê-lo; nunca diga "o Sr. Está nervoso"; não aprove sentimentos negativos; preste muita atenção no que está sendo dito para descobrir a real necessidade / intenção do interlocutor. Uma vez compreendidas essas necessidades, não as julgue, pois assim será possível você colocar as necessidades que você tem; parafraseie para ter certeza do entendimento da situação.

Não me ajeito com os padres, os críticos e os canudinhos de refresco: não há nada que substitua o sabor da comunicação direta.
Mário Quintana

Como dito anteriormente, comunicação não é "ganhar de" e sim proporcionar compreensão e para tanto, é necessário que se estabeleça o diálogo sem o qual não se faz a transição da Cultura da Agressividade para a Cultura da Paz, através de comunicação não-violenta. E diálogo é o que deveria permear as relações para a transformação dos tempos futuros (este espaço sobre diálogo finaliza meu encadeamento de pensamentos, teorias e técnicas que pensadores nos legaram, além das minhas experiências, que dão a dimensão da complexidade do que é *comunicação*).

Humberto Mariotti *(médico, escritor e professor) propõe a seguinte definição: "diálogo (reflexão conjunta e observação cooperativa da experiência) é uma metodologia de conversação que visa melhorar a comunicação entre as pessoas e a produção de idéias novas e significados compartilhados."*

E esta definição sintetiza, no meu ponto de vista, o que chamo de ponte de ligação entre as culturas citadas no parágrafo anterior à citação de Mariotti.

Como as pessoas têm opiniões e pressupostos diferentes (o que traduz o óbvio – na sua essência, cada ser humano é único) num processo de diálogo o jogo não é de perde-ganha ou ganha-perde (qualquer desses dois modelos derivam em discussão e visa demarcar posições) que é o que ocorre quando a comunicação se transforma em discussão. O diálogo propõe o velho processo ganha-ganha (busca pluralidade de ideias) que, na minha interpretação, para acontecer, tem que passar pelo perde-perde, mas sem a conotação de que um dos lados perdeu e o outro venceu. Houve concordância das partes em abrir mão de alguns pontos de vista iniciais e ambos ganharam, agora enriquecidos com pontos de vista complementares. Com diálogos todos vencem e a comunicação se processa concretamente.

Esse processo (ou método de comunicação) é definido por **David Bohm** como *"devemos ser capazes de nos comunicar livremente num movimento criativo, no qual ninguém adere em definitivo às suas ideias nem as defende de maneira radical".*

É assim que vejo o que chamei de ponte (que de alguma forma também pode contribuir com podermos lidar com o "fosso das gerações", expressão também usada por Bohm no seu livro Diálogo-comunicação e redes de convivência) entre as duas culturas que citei algumas vezes neste trabalho, consideradas junto com a Teoria da Complexidade e a da Modernidade Líquida, interpretadas por mim de forma resumida anteriormente.

Bons comunicadores (e não só comunicólogos) fortalecem seu processo comunicativo através do uso de técnicas associadas aos princípios básicos de ouvir e falar. Até porque comunicação não se simplifica nisso, ouvir e falar, ou melhor, escutar e falar! E vimos isso com o que expus até aqui.

Isso é importante (escutar e falar)? Sim! Suficiente? Seguramente não!

Necessário lembrar que o "verbal" deve ser congruente com o *como* se diz e este *como*, são os componentes não-verbais da comunicação que, pelo seu conjunto de símbolos, só se processa integralmente a partir do uso dos recursos que temos disponíveis: voz e seu uso(modulação, entonação, ênfase, dicção, entre outros aspectos), gestos, atitudes, movimentos, contato visual. Para um bom processo comunicativo tudo deve ser considerado, inclusive silêncios, que é a forma como, em alguns momentos, as pessoas se comunicam.

Algumas técnicas (ou serão truques?) podem nos dar mais confiança na processabilidade do que se comunica e são para serem usadas em qualquer momento em que se estabeleça um relacionamento humano e em qualquer área de atuação. Aqui vão algumas (úteis inclusive para uso entre os próprios integrantes de equipes, caso estejamos falando de dinâmica organizacional).

• Evite o uso banalizado da palavra *tentar*: não passa total confiança, pois caso não consiga, o "tentei" já é uma desculpa antecipada. Assim, passa pouca credibilidade do que será efetivamente feito.

• Evite dizer "nós fizemos tudo"ou" fiz tudo"ou ainda, " a gente fez os testes", pois estas expressões podem dar ao outro a condição de fazer cobranças pessoais. Use as frases no impessoal, como, por exemplo,

Ser + em Comunicação

"todos os recursos disponíveis foram utilizados", "todos os testes foram feitos".

• Evite perguntar se a pessoa tem alguma dúvida usando expressões como "não sei se você está entendendo", "você entendeu?", "você tem alguma dúvida?". Pressupõe dificuldade de compreensão do outro e muitas pessoas terão resistência em admiti-la. Substitua por "eu fui claro (a)? "ou "tem algum ponto que você gostaria que eu falasse mais a respeito"? Afinal, responsável pelo entendimento do outro é o emissor.

• Evite usar termos técnicos, eufemismos, jargões e quando usá-los, lembre-se de fazer a tradução simultânea do significado para leigos sobre o assunto.

• Quando o outro perguntar de novo sobre algo que você já tenha dito, repetir, mas começar sua resposta assim... "como eu disse antes, o que aconteceu foi"... Isso evita que ele volte a perguntar. Mesma observação vale quando o outro diz várias vezes a mesma coisa e você já tenham entendido. É pouco produtivo você dizer que já entendeu e é deselegante e pouco educado dizer "você já disse isso". Substitua por "como você falou antes, o que aconteceu foi"...? Essas duas orientações têm que ser utilizadas com cuidado e com tom de voz neutro para que não sejam percebidas como ironia.

• Use de parafraseado (repetir o que o outro falou, resumidamente) para ganhar tempo para pensar no que vai dizer e dar a ele a segurança que você o entendeu. Também é útil para fazer-se entender, além de auxiliar a corrigir erros de interpretação sem que as pessoas sintam-se corrigidas.

• Não leve para o lado pessoal as reações emocionais dos outros (eles as teriam mesmo que não fosse você que estivesse presente). Esse autocontrole ajuda manter equilíbrio emocional.

• Use as palavras, entonação e linguagem corporal adequada e Identifique formas de estabelecer *rapport* (espelhamento de palavras, gestos, respiração).

• Aprimore e use técnicas que assegurem uma comunicação eficaz e favoreça as relações interpessoais e adeque sua comunicação à capacidade de entendimento dos envolvidos.

Finalizando: que bom que o assunto não se esgota aqui. É minha leitura atual sobre comunicação, teorias, alguns conceitos, causas, consequências....

Exemplos concretos desse *não esgotar-se?*

Os artigos dos demais coautores desta publicação! Leia todos!

Wagner Galletti Valença

Cursou Administração de Empresas e aperfeiçoou sua formação com *Developing Management Skills,* Management Excellence – Certificação Citibank Training Center – St. Louis – *MI, Presentation Skills-Communispond,* Gerenciamento Integrado – Bogotá, Gerenciamento de Risco – San Juan, Porto Rico, *Managing People e People Business* – Citibank, Comunicação, Negociação e Vendas com Neurolinguística – ABPNL.
Atuou na área financeira por 27 anos, culminando sua trajetória como Vice-Presidente Residente em RH no Citibank.
Criou a Inmind Produção de Imagem e Treinamento, em sociedade com dois outros profissionais, com a qual mantém vínculo de parceiro. Atua hoje como consultor autônomo para vários clientes em vários ramos de atividades, tanto individualmente quanto como associado a outras consultorias, em projetos de treinamentos comportamentais (criação, desenvolvimento e aplicação) no Brasil, Argentina, Uruguai e Colômbia. Coautor dos livros: *Ser+ com Equipes de Alto Desempenho, Ser+ em Gestão do Tempo e Produtividade e Ser+ em Excelência no Atendimento.*

Contatos:
wgv@terra.com.br
(11) 3666-1286 / (11) 9628-1371

Anotações

Impressão e acabamento
Imprensa da Fé